資格取得がゴールじゃもったいない

企業内診断士のリアル

中小企業診断士
日沖 健 著

はじめに

「学習」では人気ナンバーワン資格だが「活用」は？

ビジネスパーソンに人気の資格、中小企業診断士（以下「診断士」）。本書は、診断士の「活用」について紹介する本です。

経営コンサルタントの国家資格である診断士の試験科目は、企業経営に必要な知識をカバーしています。診断士の受験勉強をすれば、企業経営について体系的に学習することができます。

近年、「人的資本経営」や「リスキリング（社会人の学びなおし）」が強調されています。多くの企業が従業員に診断士の受験を推奨しているとおり、ビジネスパーソンが「学習」するための資格として、診断士は最強です。

一方、資格を「活用」してビジネスをすることについてはどうでしょうか。

診断士の受験者の大半が現役の会社員で、資格を取得した後も会社員を続けます。いわゆる企業内診断士です。経営企画や新規事業開発といった業務に従事している場合を除いて、多くの場合、せっかく学んだ経営知識が「宝の持ち腐れ」になっています。

では、独立開業してプロコン（プロのコンサルタント）として活動すれば、資格を存分に活用できるでしょうか。そうでもありません。

弁護士や税理士と違って、診断士には法的な独占業務、つまり資格保有者しか担当できない業務がありません。コンサルタントになるには資格も大きな資金も不要で、名刺に「経営コンサルタント」と書けば誰でも今日から始められます。そのため競争が激しく、クライアントを獲得してビジネスを軌道に乗せるのは容易ではありません。

このように診断士は、人気を集める一方で、「単なるお勉強のための資格」「足の裏に付いた米粒（取りたいが、取っても食べられない）」という残念な評価になっています。

診断士の活躍の舞台が大きく広がる

ただ最近、こうした状況を大きく変わろうとしています。資格を取って「ああ勉強になった」「目標達成！」と終わりにせず、資格を活用して大活躍する診断士が増えています。

まず、以前はプロコンというと、定年後に年金をもらいながらボランティア的に活動する高齢の〝年金コンサルタント〟が主流でした。ところが、30代・40代で独立開業するケースが目に見えて増えています。中には年商5千万円を獲得するやり手もいます。

さらに大きな変化が、企業内診断士です。「副業元年」と言われた2018年以降、多くの企業で副業が解禁され、副業でプロ顔負けの高収入を得たり、専門知識を活かして社会貢献したりする企業内診断士が出現しています。

診断士の活躍の舞台が大きく広がり、診断士は「人生を変えるパスポート」になりつつあるのです。

私は、2022年に本書のシリーズ書である『中小企業診断士のリアル』で、診断士の実態を明らかにしました。2023年に同シリーズ第2弾の『中小企業診断士の独立開業のリアル』で、プロコンの実態と成功するためのポイントを明らかにしました。第3弾の本書では、前2作で深く掘り下げられなかった企業内診断士の活動に焦点を当てます。

申し遅れましたが、私は日沖コンサルティング事務所・日沖健です。1995年に診断士を取得し、企業内診断士として7年間活動した後、2002年にプロコンになりました。

現在、大手企業のコンサルティング・研修や東洋経済オンラインの記事執筆など活動しています。また、中小企業大学校・中小企業診断士養成課程の講師を2006年から務めています。

企業内診断士だったのはずいぶん昔ですが、中小企業診断士養成課程だけでもこれまで約2500人が3~5日、私の講義を受講して診断士になっており、多くの企業内診断士と交流しています。おそらく「日本で最も企業内診断士を知っている診断士」のはずです。

本書では、こうした私の経験・知見・ネットワークを活かして、「企業内診断士のリアル」を明らかにします。

●対象読者

以下の皆さんに、是非本書をお読みいただきたいと思います。

(1) 診断士に興味がある社会人・学生

リスキリングや就職・転職のために診断士の取得を考えている社会人・学生にとって、最大の関心事は受験勉強の仕方、平たく言うと「どうやって勉強したら受かるの?」でしょう。

その気持ちはよくわかりますが、「受かったら、その後のことはどうでもいい」というのは、実にもったいない。繰り返しますが、診断士の活躍の舞台がいま大きく広がっているからです。

診断士に興味がある社会人・学生には、本書を読んで企業内診断士のリアルを知り、「人生を変えるパスポート」を入手するつもりで診断士受験に臨んでいただきたいと思います。

(2) 企業内診断士

診断士の活躍の舞台が大きく広がっているとはいえ、多くの企業内診断士は資格を十分に活用できていません。

その1つの原因として、企業内診断士に関する情報不足があります。これまでの診断士関連書籍やインターネットの情報は「学習」に偏っており、診断士の実態はあまり知られていません。また、プロコンが自身の成功体験を披露する自慢話本はありますが、企業内診断士の活動に焦点を当てた書籍はほとんどありません。

企業内診断士の皆さんには、本書を読んで大活躍している先輩を知り、診断士を活用してビジネスライフを豊かにしてほしいと思います。

本書の構成

本書の構成を簡単に紹介します。

第1章では、診断士全体の活動や収入の実態を紹介します。「独立開業には興味ないよ」という読者が多いかもしれませんが、定年を迎えると嫌でも独立します。ここでは、プロコンを含めた診断士のリアルをお伝えします。

資格関連本というと、読者を引き付けるために景気の良い話から始めるのが常道ですが、「プロコンは貧乏生活」「企業内診断士は資格を取って後悔」という残念な〝リアル〟が明らかになります。

第2章・第3章・第4章では、大活躍している企業内診断士3名（高田直美さん・土屋俊博さん・青山雄一郎さん）へのインタビューと解説で、企業内診断士の実態と診断士活動のポイントを紹介します。

第2章ではネットワークと活動の場を広げる方法、第3章では知識・スキルを活かして社会貢献する方法、第4章では副業でコンサルティングを実施する方法を考察します。

第5章と第6章は、企業内診断士への私からのアドバイスです。

第5章では、独立開業してプロコンになるために、あるいは定年後に活躍するために、企業診断士はどういう事前準備をするべきかをお伝えします。

第6章では、企業内診断士として資格を活用して最高のビジネスパーソンになるための3つのライフ戦略を提案します。「最高のスペシャリストになる」「最高のリーダーになる」「最高に自由な生き方をする」というのが、3つのライフ戦略です。

なお、本書の記述内容は、シリーズ書籍第1弾『中小企業診断士のリアル』、第2弾『中小企業診断士の独立開業のリアル』と一部重複しています。プロコンの実態などについては、そちらも参照してください。

また、本書は「活用」にフォーカスするので、試験制度や資格取得のための学習などは扱いません。その方面については、すでにたくさんの書籍やインターネットに情報がありますので、そちらを参照してください。

また、資格概要と試験制度については、中小企業庁・日本中小企業診断士協会連合会（旧・中小企業診断協会）の関連ページを参照してください。

〈中小企業庁〉
https://www.chusho.meti.go.jp/shindanshi/download/EntryGeneral.pdf
〈日本中小企業診断士協会連合会〉
https://www.jf-smeca.jp/contents/007_shiken.html

本書を読んだ読者の皆さんが、診断士を取得し、活用して、素晴らしい人生を送ることを期待します。

令和6年12月　日沖　健

企業内診断士のリアル　目次

はじめに　2

第1章　中小企業診断士のリアル

01 診断士の全体像　2
02 プロコンの活動　4
03 プロコンの収入事情　15
04 企業内診断士に直接のメリットは少ない　22
05 企業内診断士の大半が資格取得が最終ゴール型　28

第2章　ネットワークと活動の舞台を広げる

[高田直美さんへのインタビュー]　39
[解説]　50
診断士のネットワーク／これからいったい何をすれば良いのか？／居場所を確保する

ことは重要 ／ 自主的な診断士グループは機能しない ／ 中小企業診断士協会に入会する ／ 研究会が診断士活動の中心 ／ 研究成果発表に挑戦 ／ 経営診断・コンサルティングを請け負う ／ 協会・支部の組織運営に協力する ／ ネットワーク作りのポイント

第3章　副業で会社と社会に貢献する

［土屋俊博さんへのインタビュー］……………… 71
［解説］……………… 83
社会を変える副業 ／ コロナ禍で企業内診断士の副業が激増 ／ 副業の目的は？ ／ 副業でどういう業務をしているの？ ／ 副業収入はピンキリ ／ 副業収入への期待は大きい？ ／ 副業収入にこだわって不幸に？ ／ 本業と副業の好循環 ／ 本業との関係には注意したい ／ 報連相をしっかり ／ 診断士の社会貢献

第4章　企業内診断士とプロコンの境界はあるのか？

［青山雄一郎さんへのインタビュー］……………… 101
［解説］……………… 116
特殊事例と済ませるのはもったいない ／ 会社員という立場を表に出さない ／ クライアントから見たらプロコンも企業内診断士もない ／ 何のための診断士活動か？

第5章　プロコンになるための準備

01　プロコンという挑戦　128
02　プロコンになって何をしたいか　130
03　独立開業するタイミング　132
04　事前準備はC型とD型で大違い　141
05　事業仮説を構想する　151
06　プロコンに挑戦して欲しい　160

第6章　最高のビジネスパーソンになるための3つのライフ戦略

01　人生を変えるパスポートを携えて旅に出る　164
02　3つのライフ戦略　167
03　プロコンは本当に自由か？　183

第1章

中小企業診断士のリアル

注目を集める中小企業診断士ですが、活動や収入など実態は謎に包まれています。この章では、プロコンも含めた診断士の活動と収入の実態を紹介します。

01 診断士の全体像

診断士は2万7千人で増加傾向

診断士というのは資格であって、診断士という職業があるわけではありません。では、診断士の資格保有者は、どういう職業に従事し、資格をどう「活用」しているのでしょうか。

まず、診断士の総数を確認しましょう。診断士制度を管轄する中小企業庁によると、登録者数は約2万7千人（2018年4月1日現在）です。2008年が19105人だったので、この10年間で約8千人増加しています。

なぜ増えているかというと、中小企業庁は診断士が不足していると認識し、「診断士の総数の増加」を政策目標に掲げて診断士養成に取り組んでいるからです。

厳しい経営環境に置かれた中小企業に対し、国は補助金・助成金・税制などで支援しています。とりわけ経済産業省が大きな影響力を持った2012年の第2次安倍政権以降、支援施策を大幅に拡充しました。

国の支援施策の現場での実務を担うのが診断士（や公的支援機関）です。支援施策の拡充によって、診断士への需要が増えています。

診断士の2万7千人という数は、全国に中小企業が約300万社あるので、110社に1人の割合です。同じ国家資格である税理士81280人（2023年3月末）や弁護士42164人（2020年3月末）と比べてもわずかです。

こうした需給のアンバランスを解消するために、中小企業庁は、従来の試験に加えて、2005年まで中小企業大学校だけだった登録養成課程の設置を民間に開放するなど、診断士の増加に努めています。登録養成課程は、1次試験合格者に受講資格があり、修了したら資格登録ができるというコースです。

公的支援が増えているのにその実務を担う診断士は不足していること、診断士の総数は今後も確実に増え続けるということを、まず確認しておきましょう。

3割がプロコン、7割が企業内診断士

2万7千人の診断士はどういう職業に従事しているのでしょうか。

実は、わかっているのは約2万7千人という総数までで（しかも6年前で、なぜだか概数）、それ以上の詳細は不明です。

診断士の業界団体として中小企業診断士協会があります。ただ、税理士には税理士法で税理士会への入会が、弁護士には弁護士法で弁護士会への入会が義務付けられているのと違って、診断士の中小企業診断士協会への入会は任意です。

そのため、中小企業診断士協会の会員数は、約1万人（全体の4割未満）にとどまっています。中小企業庁も中小企業診断士協会も、誰も診断士全体の実態を把握していないのです。

ここから先は、私の推測ということになります。よく診断士の世界では、3割がプロコン、7割が企業内診断士と言われます。厳密には、弁護士や税理士といった他の士業がダブル資格で取得する場合や学生の資格保有者もいますが、かなり少数なのでここでは無視します。

3割（約8千人）のプロコンと7割（約1万9千人）の企業内診断士それぞれについて見ていきましょう。

02 プロコンの活動

プロコンにはC型とD型

まずプロコンから。プロコンは、コンサルティング業務で生計を立てている診断士です。

読者の皆さんは、「プロのコンサルタント」というと、どういうイメージをお持ちでしょうか。会社員なら、勤務先に出入りしているコンサルティング会社所属のコンサルタントを思い浮かべますか。自営業者なら、商工会の窓口で相談に乗ってくれた経営指導員の顔を思い出しますか。どちらも当たっています。コンサルタントは別に診断士を取得しなくても誰でも始めることができます。老若男女、様々なバックグラウンドを持ち、専門領域や活動内容も千差万別です。と言ってしまうと身も蓋もないので、私が考えたC型とD型という区分を紹介しましょう（『中小企業診断士のリアル』参照）。

> C型：コネ・人間関係（Connection）で受注し、中小企業（Chusho kigyo）・零細企業にサービスを提供
> D型：直接（Direct）受注し、大企業（Dai kigyo）・中堅企業にサービスを提供

この他に、多数の診断士を組織して活動するO型（Organize）というべき診断士もいます。事

業承継協会や民間資格の事業承継士を立ち上げた内藤博さん、診断実践協会・代表で公的支援や診断士養成を手掛ける加藤千雄さん、コンサルティングビジネス研究会・代表で地域金融機関との提携を推進している佐藤一彦さんなどです。

また、近年、弁護士や税理士といった士業で競争が激化していることから、診断士を取得して差別化しようという動きがあります。いわゆるダブル資格です。企業経営に詳しい弁護士として活躍している加藤剛毅さんが代表例です。

ただ、こうしたO型や他の士業とのダブル資格の成功者は、ごく少数です。ここではC型とD型について見ていきましょう。

C型は診断士の王道

C型にも色々なタイプがいますが、最も代表的なのが、公的支援（公的診断）で活動する診断士です。診断士制度を管轄する中小企業庁が想定し、一般の人が想起するのが、このC型です。言わば「診断士の王道」です。

C型は、以下のような4つのチャネル（経路）で公的支援の案件を受注します。

① 専門家登録している公的支援機関から依頼

② 同業者からの紹介
③ 受注グループからの紹介
④ 自分のクライアントが公的支援を申請

このうち最もオーソドックスなのは、①専門家登録している公的支援機関から案件の依頼が来るケースです。

公的支援は何をするのか?

では、公的支援とは、具体的にどういうことをするのでしょうか。

C型がよく担当している「専門家派遣」「補助金申請支援」「窓口相談」を紹介しましょう。

(1) 専門家派遣

中小企業から依頼に基づき、支援機関が登録している専門家を派遣する支援です。専門家は、中小企業を訪問し、経営の問題について相談に乗ったり、指導をしたり、教育・研修をしたりします。

1回限りということもあれば、数回・数か月に渡って継続的に支援することもあります。

謝金は原則として、派遣元である支援機関から「1日当たり4万円」といった規定に基づき支給されます。定額が原則で、成果報酬はありません。

(2) 補助金申請支援

中小企業からの依頼に基づき、中小企業が補助金・助成金・融資など公的支援を申請する作業を診断士がサポートする業務です。

支援内容は施策によってまちまちですが、代表例としてものづくり補助金を紹介しましょう。ものづくり補助金（正式には「ものづくり・商業・サービス生産性向上促進補助金」）は、中小企業が生産性向上を目指して行う設備投資を支援する補助金です。

代表的な「一般型」では、補助上限が1千万円、補助率は中小企業が2分の1（小規模企業は3分の2）です。つまり、2千万円の設備投資をし、申請が採択されれば1千万円が支給されます。

中小企業は、補助金を申請するにあたって、「認定支援機関確認書」を国に提出する必要があります。これは、国の認定をうけた経営革新等支援機関（認定支援機関）がものづくり補助金の申請書類の内容を確認したことを示す文書です。多くの診断士が認定支援機関に登録して申請書の作成を支援しています。

謝金には、定額報酬と成果報酬、その組み合わせがあり、支援先の中小企業から受け取ります（なので公的支援ではないという見方もあります）。成果報酬は、たとえば補助金を500万円獲得したらその20％の100万円を受け取るという具合です。

(3) 窓口相談

自治体・産業振興センター（各県で名称が異なります）・商工会などが相談窓口を設置し、登録している専門家が訪問してきた中小企業経営者などの相談に応じる業務です。

窓口の場で指導・アドバイスを行うのが基本で、1回当たり1時間以内が多いようです。ただ、その場で解決できない場合、専門家派遣など他の支援を紹介したりします。

謝金は、派遣元である支援機関から「1日当たり5万円」といった定額が支給されます。

C型の大多数は年金診断士

C型の年齢層は、50歳から70歳くらいとかなり高齢です。企業内診断士が大都市圏に多いのと違って、全国に広く分散しています。

若い頃に独立開業したというC型も一部にいますが、圧倒的に多いのは、企業に定年まで勤めて、定年退職後に診断士活動を始めるというパターンです。年金をもらいながらボランティア的に活動することが多く、業界内では「年金診断士」と揶揄されています。

つまり、診断士の3割、約8千人がプロコンといっても、大半は年金診断士で、現役世代のC

型は2千人未満。この後で紹介するD型はさらに少なく500人未満というところだと推測します。

1990年代半ばから行政改革が進められ、中小企業政策が縮小し、2010年頃までC型は減少傾向にありました。当時は「公的支援では食べていけない」ということがプロコンの間でよく言われました。

ところが、2012年に発足した第2次安倍政権が中小企業支援を拡充したことから、2014年頃から公的支援の案件が激増しました。さらに2020年からのコロナ禍での中小企業支援策の拡充で、公的支援は「コロナバブル」と言われる活況を呈しました。

こうした近年の活況を受けて、若手の企業内診断士が独立開業し、C型として活動するケースが増えています。地方でも、若手のプロコンをよく見るようになりました。

しかし、2023年春にコロナ禍が終息しました。小規模事業者持続化補助金などまだ継続しているコロナ関連施策もありますが、予算規模は縮小しています。

また、コロナ対策のゼロゼロ融資や事業再構築補助金では、診断士など専門家による不正行為(不正受給の加担など)が次々と明るみに出ました。コロナ対策以外でも、公的支援における不正行為が頻発し、社会的な批判を浴びています。

こうした状況を受けて、政府は補助金の見直しを進めています。全国には厳しい環境に置かれた中小企業が多数あり、補助金がゼロになることはないでしょうが、公的支援が再び縮小トレンドに転じる可能性が高いと言えます。

つまり、公的支援に依存するC型は大きな岐路を迎えつつあり、今後もC型のプロコンが増え続けるかどうかは、かなり微妙なところです。

D型の活動はさらに多彩

公的支援を中心に活動することが多いC型と比べて、D型の活動はさらに多彩です。

D型は、大企業（Dai-Kigyo）・中堅企業から直接（Direct）受注します。代表的な受注チャネルは以下のとおりです。

①　セミナー出席者
②　ビジネス書・雑誌記事などの読者
③　ホームページ閲覧者
④　既存のクライアントや関係者からの紹介

このうち①セミナーとは、自分の専門分野について話し（1〜2時間のことが多い）、出席者に営業を掛けるというものです。セミナー会社などが主催する場合もありますし、コンサルタントが主催する場合もあります。コンサルタントが主催する場合、営業が目的なので、受講料は無料あるいは低価格です。

また、大企業を顧客開拓する上で、②ビジネス書と③ホームページは、極めて重要な営業ツールです。

企業がコンサルタントを起用する立場から考えてみましょう。

中小企業の場合、経営者がコンサルタントと知り合って、気に入ったら、「お願いします」と直接依頼します。一方、大企業の場合、経営企画部門などの担当者がコンサルタントをサーチし、候補者を選定し、コンペを実施し、経営トップに上申し決裁を仰ぎます。

このサーチでは、自社の課題と関連したビジネス書の著者を探します。目ぼしい候補者が見つかったら、ホームページで業務内容を確認し、連絡を取ります。ビジネス書とホームページがないと、大企業のサーチの土俵にはなかなか昇れません。

コンペと社内の決裁でも、「コンサルタントの日沖健」よりも『変革するマネジメント』の著者で組織変革に詳しいコンサルタントの日沖健」という方が圧倒的に有利です。

実はかなり売れっ子のD型でも、コンサルティングなどに従事する稼働日数は年150日くらい（17ページを参照）です。残りの200日以上は、①セミナーの準備・実施・フォロー、②ビジネス書の執筆、③ホームページの作成、あるいはそのための経営知識・情報のインプットなどに費やしています。

なお、SNS全盛の時代ですが、SNSからの引き合いは多くありません。というよりほぼ皆無です。将来はわかりませんが、今のところ、大半の大企業は、プライベートはSNSで、公式のコミュニケーションはホームページで、という使い分けをしているからです。

コンサルティングがD型の中心業務

D型の業務は多岐にわたります。代表的なものとして、コンサルティング業務があります。

コンサルティングは、企業などの「工場の生産性を向上させたい」「新規事業を立ち上げたい」「間接業務をデジタル化したい」といった課題について、アドバイスをするサービスです。

コンサルティングには色々なスタイルがありますが、コンテンツを提供するものとプロセスを支援するものに分類することができます。

コンテンツというのは、コンサルタントが大規模な市場調査をしたり、ITシステム構築したり、人事評価制度を作ったりという具合に、実態のあるコンテンツを成果物としてクライアントに提供するコンサルティングです。コンサルタント主導のコンサルティングです。

こうしたコンサルティングでは、ヒト・モノ・カネ・情報などのリソースが大量に必要で、大手ファームが得意とするところです。

一方、プロセスというのは、クライアントが新規事業を開発したり、中期経営計画を策定したり、というプロセスをコンサルタントが側面支援するというコンサルティングです。クライアント主導のコンサルティングです。

このプロセス・コンサルテーションでは、ファシリテーションなどコンサルタントの個人的な能力や柔軟な対応が要求され、D型が得意とするところです。

研修講師も重要な業務

研修講師業務もD型にとって重要な業務です。

コンサルタントというと、その名からコンサルティング業務だけをやっているイメージがあるかもしれません。しかし、多くのプロコンが研修講師業務もやっています（ファームに所属するコンサルタントの場合、コンサルティングだけやっていることがあります）。

コンサルティングは受注できたりできなかったりで、収入が不安定です。その点、研修はリピート受注を期待できるので収入が安定します。研修講師業務でベースの収入を確保し、プラスしてコンサルティングを受注するというのが、プロコンの理想的な収入構造だとよく言われます。

企業研修は、大きく階層別とテーマ別に分類することができます。

階層別研修は、新入社員・中堅社員・ベテラン社員といった年齢層、主任・係長・課長・部長といった役職に応じて実施するものです。

テーマ別研修は、ＩＴ・法務・コミュニケーション・問題解決といったテーマを取り上げて実施します。

以前は研修所に集まって対面で実施していましたが、２０２０年のコロナ禍を契機にオンライン開催が増えています。

長さは、半日から２日が多いですが、オンライン化に伴い、２時間の会合を10回開催するなど、開催の仕方は多様化しています。

03 プロコンの収入事情

プロコンの3分の1が年収1千万円超？

診断士受験者や独立志向の企業内診断士にとって、プロコンの懐事情は気になるところです。

プロコンは、どれくらいの収入を得ているのでしょうか。

世間では、「俺は1億円プレイヤーだ」と著作やSNSで喧伝しているプロコンがいますが、正確な実態は不明です。ただし、ヒントはあります。中小企業診断士協会（旧・中小企業診断協会）が会員の診断士に実施した「中小企業診断士活動状況アンケート調査」の結果です。

〈図表1〉のとおり、売上高（収入）は、回答者の34％が1千万円超（⑥～⑩の合計）です。

この数字を引用して「プロコンは高収益ビジネス。なんと3分の1が年収1千万円超！」とアピールしている受験予備校があるようですが、注意が必要です。

＜図表1　プロコンの年間収入＞

選択肢	回答数	構成比 (%)
①　300 万円以内	83	14.3
②　301～400 万円	51	8.8
③　401～500 万円	58	10.0
④　501～800 万円	124	21.4
⑤　801～1,000 万円	66	11.4
⑥　1,001～1,500 万円	89	15.4
⑦　1,501～2,000 万円	39	6.7
⑧　2,001～2,500 万円	25	4.3
⑨　2,501～3,000 万円	16	2.8
⑩　3,001 万円以上	28	4.8
合計	579	100.0

（中小企業診断協会「中小企業診断士活動状況アンケート調査）

それは、この34％という数字が、コンサルティング業務日数の合計が「100日以上」のプロコンの集計であることです。

プロコンではない方にはイメージが湧きにくいでしょうが、コンサルティング業務日数の合計が「100日以上」というのは、かなり高いハードルです。

コンサルティングというと、クライアントを訪問して調査・分析したり、改善策をプレゼンテーションしたり、という陽の当たる部分だけに目が行きますが、その前後があります。「前」とは、営業活動・関係者との調整など、「後」とは、フォローアップ・関係者への実施報告などです。

仮に報酬の対象になる稼働の前と後に1日ずつ費やすとすれば、理屈の上では、年間120日しか稼働できないことになります。

ビジネスが軌道に乗ってリピート案件が増えてくると、前後の時間、とくに営業に使う時間を短縮することができます。ただ、完全にゼロにはならないので、稼働日数は200日がマックス。150日稼働していれば「相当な売れっ子」というところです。

つまり、稼働日数が「100日以上」という回答者は、プロコンとしてかなりビジネスが軌道に乗っている部類ということになります。

プロコンの大半は低収入にあえいでいる

「100日以上」稼働して1千万円超稼いでいる34％の売れっ子は良いとして、逆に、1千万円以下という残りの66％が気になります。

年収の層別で回答が最も多かったのは、「501～800万円」。仮に中心が「120日稼働して収入650万円」だとすると、1日の単価は5万4千円になります。

この金額は、まさに公的支援の3～6万円という単価の範囲です。つまり、年収1千万円以下という回答者は、公的支援を中心にしたC型として活動していると推測されるのです。

もちろん「501～800万円」あれば、さほど生活に困るわけではありませんが、33・1％を占める「500万円以下」だと、かなり厳しい生活でしょう。

ましてや、まだビジネスが軌道に乗っておらず、「100日未満」しか稼働していないというプロコンが多数いるはずです。また、低収入に耐えられず、すでにプロコンを断念した人も多数いるはずです。そういった、この調査の対象外のプロコンの収入は、0～300万円というところでしょう。

つまり、プロコン全体からすると、年収1千万円超というのはほんの一握り。おそらく半数以上が500万円以下という低収入にあえいでいると推測されるのです。

行動経済学に生存者バイアスという概念があります。失敗例を考慮せず、成功して生き残った事例にだけに着目して物事を誤って判断することを意味します。

「100日以上」稼働した回答者だけを見て「プロコンの3分の1が年収1千万円超!」と宣伝する受験予備校は、完全に生存者バイアスに陥っていると言えます(おそらく実態を知っているのでしょうが)。

失敗したらどうなるの?

このように、多くのプロコンが低収入にあえいでいます。年収600万円だった会社員が独立開業して2年経っても300万円にしか達しない、という具合です。ビジネスとしては完全に失敗です。

では、失敗したら、どうなるのでしょうか。

まず、プロコンは初期投資も運転資金も非常に少ない=借入金が少ないので、他のビジネスと違って、会社が倒産、個人事業主が自己破産することは稀です。

そのため、事業を諦めるか、低収入で細々と続けるか、という選択になります。

私が見る限り、「コンサルタントなんてもうこりごり」と、見切りをつけて再就職する人もいることはいます。ただ、こういう諦めのいい人は少数派です。

年金診断士や年金の受給開始が近い高齢者はともかくとして、その気になればいくらでも再就職できそうな若手・中堅でも、「もう少しやってみたい」と貧乏生活を続けます。

コンサルタントは「人気が勝負」の商売なので、まだ知名度が低い新人にはなかなか仕事の依頼が来ません。そのため、たいてい独立開業した直後は無収入か、生活できないレベルの低収入です。そして、無収入・低収入の状態が数カ月、あるいは1年以上続きます。

将来大きな収入を確実に見込めるなら、収入ゼロでも「いい充電期間かな」と思えるでしょう。しかし、プロコンの場合、将来収入が入ってくるかどうか、まったく不確かです。

そのため、かなり精神的にタフな人でも「ずっとこの状態が続いて、俺は家族ともども野垂れ死にするのかな」と命の危険を感じます。こうして偉そうに書いている私も、22年前に独立開業した直後はそうでした。

飢餓体験が強烈なアンカーに

収入ゼロの飢餓状態を経験した後、少しずつ仕事の声がかかるようになります。銀行口座に入金があると、「ああ、これで俺も死なずに済んだ」と安堵します。たとえその収入が微々たる額でも、「自分はコンサルタントとして人から認められたんだ」と実感します。

ただし、そこから順調に仕事が増えたとしても、かなりの人気者にならない限り、会社勤務時代の年収を大きく上回ることではできません。多くのプロコンの年収は、「退職前600万円→開業直後0円→しばらくして300万円（その後もずっと）」と推移します。

この様子を見た世間の人は、途中の収入ゼロという飢餓状態を知らないので、「退職前600万円→開業後300万円」と捉えます。「会社員時代には年収600万円あったのに300万円に激減し、可哀想に」「どうして会社員に戻らないの？」と思います。

しかし、収入ゼロの恐怖を体験した本人は、「0円」が強力な心理的なアンカー（錨）になり、「600万円」という過去を忘れ去って、「開業直後0円→しばらくして300万円」と現状認識します。そして、「最悪の状態を脱し、事業は上向きだ。この調子で頑張ろう」と考えます。

しかも、独立開業する人の多くは、組織の中で上司に

<図表2　貧乏生活を続ける理由>

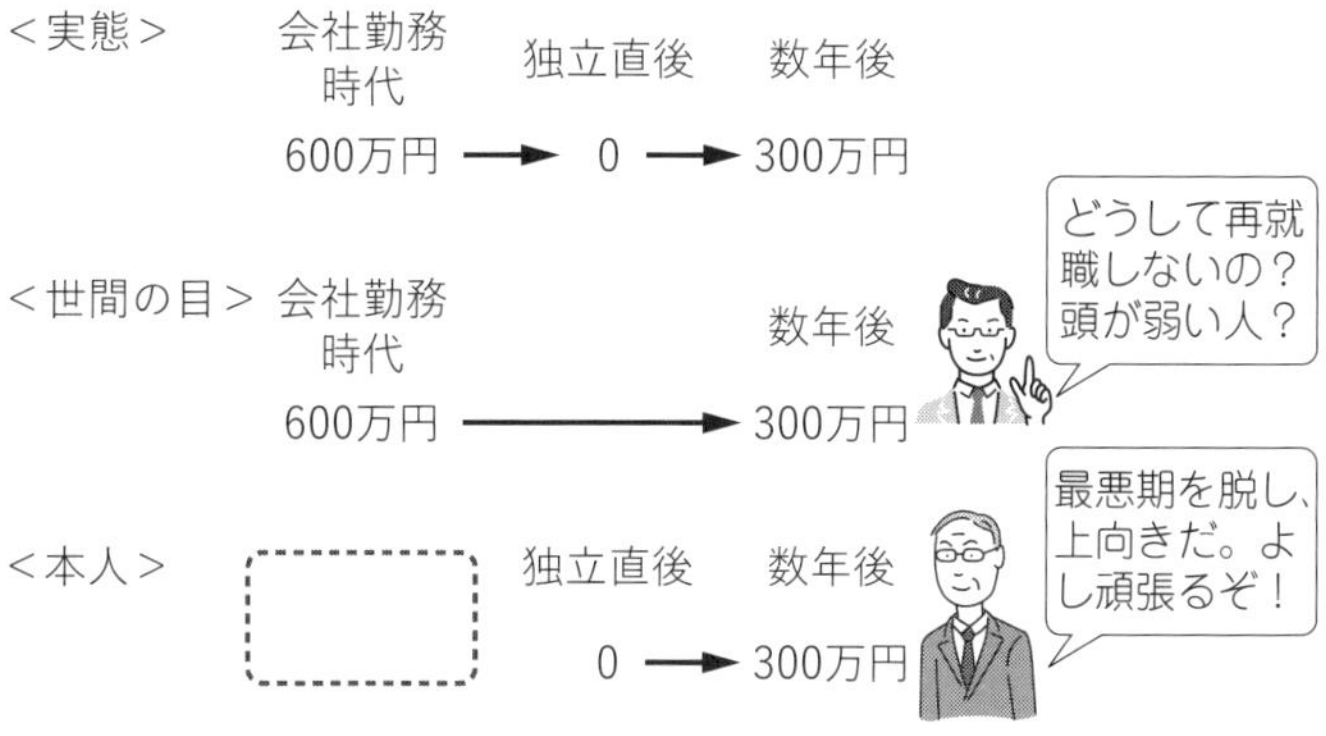

命令されて働くことを良しとしません。良い言い方をすると〝一匹狼〟、悪い言い方をすると〝組織不適合者〟です（そんなコンサルタントがクライアントに組織運営をアドバイスするのはおかしな話ですが）。

そのため、大嫌いな会社員生活に戻るよりも、貧乏でも我慢できる程度なら1人で働くことを選びます。これが、独立開業に失敗してもなかなか会社員に戻らないというリアルです。

04 企業内診断士に直接のメリットは少ない

企業内診断士は3種類

続いては企業内診断士の実態です。

企業内診断士は、プロコンと同じように多種多様です。勤務する企業は、中小企業から大手企業まで様々です。資格名称とは裏腹に、大手企業の勤務者が多いようです。企業だけではなく、公的支援機関や大学などに所属する人もいます。

業種も様々です。近年、地域金融機関が従業員に診断士取得を強く推奨しており、金融機関の割合がやや多い印象ですが、実に様々な業種の企業内診断士がいます。

年齢も20代から60代まで様々です。ただし、若い世代で自己啓発が広がっていることや試験の難易度が上がっていることに伴い、近年、平均年齢は着実に下がっているようです。ちなみに、私が教えている中小企業大学校・中小企業診断士養成課程の受講者（≒診断士）の平均年齢は近年32～35歳です。

前著『中小企業診断士のリアル』で、資格取得の目的・取得後の活動に着目して企業内診断士を以下の3つに分類しました。

①　資格取得が最終ゴール型	：	資格に関連した活動はしない
②　自己啓発型	：	資格を生かして自己啓発を続ける
③　副業型	：	資格を使って副業をする

正確な実態は不明ですが、人数は多い方から①→②→③でしょう。というより、企業内診断士の大半が①資格取得が最終ゴール型で、資格をまったく活用できていません。

第2章以降で②自己啓発型と③副業型について詳しく紹介するとして、この章では①資格取得が最終ゴール型について見てみましょう。

診断士は会社から評価されるのか

ほとんどの診断士は、受験時代から「資格取得が最終ゴール」と決めているわけではありません。そういう人、つまり「資格マニア」というべき人も一部にはいるでしょうが、たいていは「とにかく取りたい」の一心でその先のことをあまり考えていません。

そして、試験に合格し、資格登録をしてから、①資格取得が最終ゴール型と②自己啓発型、③副業型に分かれていきます（さらに独立開業する人もいます）。

最初の分岐点は、資格を取得した後の周囲の反応や会社の評価です。

本人は、難関試験を突破して「俺もここまでよくやった！」と鼻高々です。友人・縁者などに伝えると、お約束で「凄いですね！」と言ってもらえます。

しかし、ビジネスシーンで診断士取得のメリットがあるかというと、なかなか微妙です。

再び中小企業診断士協会のデータから。「中小企業診断士資格取得時に勤務先や関係先からはどう評価されましたか」という問いに対し、〈図表3〉のような回答（複数回答）でした。

最も多かったのが、「勤務先関係先の処遇に変化はなかった」40・4％、「上司・同僚から良い評価を得た」25・6％、「関係先から良い評価を得た」24・4％と続いています。

判断が難しいのが、「上司・同僚から良い評価を得た」という回答です。ここで言う「評価」とは、いったい何でしょうか。企業での人事評価のことでしょうか。

能力主義の会社では、昇進・昇格を決める人事評価にポイント制を導入し、診断士の資格取得をポイント加算の対象にしているケースがあります。そういう会社なら、たしかに「良い評価を得た」と言えます。

しかし、私の知る限り、ポイント制はメジャーではありませんし、その中でも診断士取得がポイント加算の対象になっているという会社はわずかです。

にもかかわらず多数が「上司・同僚から良い評価を得た」と回答しているのは、正式な人事評価という意味ではなく、上司・同僚から「よ

<図表３　資格取得の評価>

選択肢	回答数	構成比(%)
昇給・昇格した	112	6.1
資格手当が支給された	241	13.1
資格が生かされる職場に配置された	211	11.5
上司・同僚から良い評価を得た	470	25.6
関係先から良い評価を得た	448	24.4
関係先、勤務先の処遇に変化はなかった	740	40.4
取得したことを伝えていなかった	143	7.8
その他	110	6
合計	n＝1,833	100

（中小企業診断協会「中小企業診断士活動状況アンケート調査」）

く頑張ったね」「やっぱり君って優秀なんだね」と褒められた、といった非公式の評価でしょう。「関係先から良い評価を得た」もおそらく同様です。褒められれば気分は良いですが、実質的なメリットとは言えません。

「資格が生かされる部署に配置された」11・5％と「昇給・昇格した」6・1％も、診断士の取得の効果で実現したのか、たまたま巡り合わせでそうなったのかはっきりしません。

「資格手当が支給された」13・1％というのも、ワンショットで数万円が支給されるくらいです。もちろんないよりはマシですが、受験予備校に支払った授業料の一部を回収できたという程度でしょう。メリットというより、「デメリットがほんの少し和らいだ」という話です。

つまり、診断士を取っても会社からの評価が上がるわけではない、と考えられます。

診断士を持っていると転職に有利か？

最近、転職が活発になっています。かつては転職というと、20代前半の「第二新卒」など若い世代に限定されていましたが、最近は40代・50代でも気軽に転職するようになっています。

では、転職する場合、診断士を持っていると有利に働くのでしょうか。受験予備校は、「診断士を取ったお陰で志望していた会社に転職できました！」といった企業内診断士の声をよく紹介しますが、実態はどうでしょうか。

本人が診断士を持っていたことが転職成功の決め手になったと思っていても、実際のところは採用する側に聞いてみないとわかりません。なので、実態は謎ですが、私がお付き合いしている多数の人事担当者から「診断士を決め手に採用した」という話を一切耳にしたことがありません。

ある大手素材メーカーの採用担当者は、次のように言います。

「診断士なら、一定の学力があること、努力家であることは間違いないでしょう。でも、それは診断士を持っていなくても、学歴を見ればわかること。当社は、前の会社での実績などを重視して中途採用しており、診断士など資格を決め手に採用することはありません。逆に、会社の業務をおろそかにして色んな資格を取りまくっている資格マニアは、敬遠します」

では、コンサルティング会社への転職はどうでしょうか。近年、外資系コンサルティングファーム（ガイコン）が転職先として若手社会人に人気です。ガイコンに転職するための武器として診断士取得に挑戦するケースが増えているようです。

ただ、残念ながらガイコンは採用において、診断士をまったく重視していません。ガイコンは新人採用で知識量よりも地頭の良さを重視しており、「本当に地頭が良い人なら、診断士の学習内容なんて入社して1か月もあればマスターできる」（大手ファームの採用担当者）からです。

数少ない例外が、地方銀行や信用金庫といった地域金融機関です。いま地域金融機関では、融資先の経営実態を見て取引をするリレーションシップバンキング（リレバン）が重要課題になっており、金融庁からリレバンの担い手として診断士の育成を強く求められています。

多くの地域金融機関が従業員に診断士取得を奨励するとともに、資格保有者を中途採用しようとしています。地域金融機関で働きたいという人にとっては、診断士は大きな武器になります。

以上のように、診断士を取得しても、勤務先で昇格・昇給するわけでもなく、転職で有利になるわけでもありません。ビジネスでの直接のメリットは（ほとんど）ない、と言えます。

資格を取得した当初は色々な人から褒められて有頂天だった新人診断士は、やがて「診断士って、苦労して取ったのにメリットがないなぁ」と気づきます。このリアルに気づくと、診断士という資格に対しネガティブな気持ちになってきます。

05 企業内診断士の大半が資格取得が最終ゴール型

中小企業診断士協会への入会がもう1つの分岐点

企業内診断士が「資格取得が最終ゴール型」になるかどうかのもう1つの分岐点が、中小企業診断士協会に入会するか、しないかです。

全国の都道府県に中小企業診断士協会があり、以下のような活動をしています。

- 資格更新のための理論政策更新研修や実務補習を実施
- 会員向けの研究会を開催
- 会員に診断業務を斡旋

受験勉強にとどまらず経営に関する知識・スキルを深めたいというとき、独学で研鑽するのは容易ではありません。中小企業診断士協会の研究会に参加することで、実践的な学習をすることができます。

また、副業でコンサルティングをしたいというとき、自分で顧客を開拓するのは困難です。中小企業診断士協会の研究会や受注グループに参加することで、コンサルティング実務の機会を得られます。

このように、②自己啓発型や③副業型の企業内診断士にとって、中小企業診断士協会は重要な活動の舞台になります。また、社外のネットワークを広げるという点でも、貴重な場です（詳しくは第2章以降で紹介します）。

ただし、中小企業診断士協会に入会するには入会金が必要で、毎年、会費がかかります。金額は都道府県によって違いますが、入会金は3～6万円、年会費は5万円程度です。さらに研究会に参加し活動すれば、会費などが別途かかります。

そのため、自己啓発や副業に関心のない企業内診断士は、中小企業診断士協会に入会しません。

診断士の6割が資格取得が最終ゴール型？

もちろん、中小企業診断士協会だけが自己啓発や副業の舞台ではありません。全国各地に自主的な研究会がありますし、企業内診断士を対象にした副業の受注組織があります。

ただ、これらの大半は、組織としてしっかり活動しているわけではありません。そのため、中小企業診断士協会の研究会に比べてどうしても活動レベルは低調です。

このように、中小企業診断士協会に入会しない企業内診断士は、診断士関連の活動がおろそかになっていきます。

この状態をしばらく続けると、「そう言えば、去年診断士を取ったなぁ」となり、結果的に

「資格取得が最終ゴール型」になってしまいます。

資格取得が最終ゴール型は、どれくらいいるのでしょうか。

中小企業診断士協会の会員は約1万人なので、診断士2万7千人のうち非会員は1万7千人。

仮にプロコン8千人のうち9割の7千人が会員だとすると、企業内診断士1万9千人のうち、3千人が会員、1万6千人が非会員ということになります。

〈図表4〉の数値はあくまで私の推計ですが、「企業内・非会員」の1万6千人が、「活動していない」=「資格取得が最終ゴール型」でしょう。

つまり、診断士の総数2万7千人の約6割、企業内診断士1万9千人の約8割以上が「資格取得が最終ゴール型」と推計されるのです。

資格更新が重荷に

ここで、資格取得が最終ゴール型にとって悩ましいのが、資格更新のための実務従事です。

<図表4　診断士の構成>

	人数	構成比（%）
プロコン	8千人	30
企業内	1万9千人	70
(活動している)	3千人	10
(活動していない)	1万6千人	60
合計	2万7千人	100

（著者作成）

学歴・教員免許や多くの民間資格は、取得したら一生有効であるのに対し、診断士には「5年」という有効期限があります。資格を更新するには、5年の間に以下2つの要件をクリアする必要があります。

- ☑ 知識の補充：理論政策更新研修（4時間）を5回受講する
- ☑ 実務の従事：中小企業の実務を支援する業務を行って30ポイント（1日1ポイント）を獲得する

このうち、知識の補充は、中小企業診断士協会などが主催する理論政策更新研修を受講すれば済みます。ちなみに受講料は、中小企業診断士協会の場合、1回6300円です。他の実施団体もだいたいそれくらいです。

一方、やっかいなのが、実務従事のポイント獲得です。

プロコンは、日常の業務が実務従事なので、実務従事ポイントで悩むことはほぼありません。企業内診断士のうち、次章以降で紹介する副業型も、さほど問題ないでしょう。

自己啓発型は、中小企業診断士協会の会員なら、協会が紹介する実務従事の案件（診断士が参加料を払って診断実務を行います）に参加したり、研究会などがグループで実施する診断案件に参加し、ポイントを獲得することができます。

ところが、資格取得が最終ゴール型は、実務従事ポイントを取得するチャンスがありません。中小企業診断士協会に入会したり、その他の診断士グループが実施する実務従事案件に参加したりして、ポイントを取得します。

ここで、親類縁者・知り合いの中小企業経営者に頼み込んで、実際は診断業務を実施していないのに、実施したという証明書を発行してもらうということがあります。

もちろん違法ですが、資格取得が最終ゴール型だけでなく、他のタイプの診断士でもかなり横行しているようです。中小企業庁にバレたら資格停止になる可能性があり、お勧めできません。

資格休止という残念な選択

こうして、実務従事ポイントの取得という高いハードルがあることで、資格取得が最終ゴール型の企業内診断士にとっては、資格を持っていることが重荷になってきます。

ネット掲示板やSNSでは、企業内診断士が資格取得を後悔するコメントをよく見かけます。

「会社の仕事が忙しく、子育てもあり、平日に実務従事に参加することが困難です。有給休暇を取ったり、休日開催の実務従事案件に参加したりして、昨年、何とか1回目の更新をすることができました。しかし、次の更新を考えると今から憂鬱です。資格を取って悩みが増え

るって、おかしくありませんか」（30代女性）
「資格を取っても給料が上がるとかメリットがまったくない一方、実務従事や更新研修に金がかかります。一言で言うと、まったくコスパが悪いクソ資格。資格なんてどれもそういうものかもしれませんが、予備校の宣伝文句に乗せられてホイホイ受験した自分がアホでした」（20代男性）

こうした不満が積もった企業内診断士の一部は、資格を休止する、あるいは更新せず資格を停止するという選択をします。

診断士には、資格更新の特例として休止制度があります。所定の手続きで申請すれば、最長15年間資格を休止できます。休止期間中は、知識の補充や実務の従事は必要ありません（資格を再開するときに必要になりますが）。

ちなみに休止期間中でも、「休止中」であることを明確に伝えれば、診断士を名乗ったり、名刺や履歴書に診断士であることを記載することが許されているようです。

活躍する企業内診断士が増えている

ここまで読んでみていかがでしょうか。

プロコンの多くが低収入にあえいでいる、企業内診断士の大半が資格取得が最終ゴール型である、というリアルを知って、以下のような感想を持ったかもしれません。

「診断士を受験しようか迷っていたけど、何もメリットがないなら、やめておいた方が良さそうだ」

「プロコンに何となく憧れていたけど、現実はやっぱり厳しいな。はっきりと目が覚めた」

この率直な感想を否定するわけではありませんが、診断士を受験するか、資格を休止・停止するかどうかは、本書を最後までお読みいただき、そのうえで判断していただきたいと思います。

なぜなら、この章で紹介した残念な状況が、最近大きく変わりつつあるからです。

まず、資格取得後に学びをさらに加速させる、自己啓発型の企業内診断士が増えています。資格を使って社外で実践的な学びをし、それを勤務先にフィードバックするというケースをよく目にするようになりました。

2018年の副業解禁を受けて、副業型も増えています。とくに公的支援では、プロ顔負けの活動をする企業内診断士も現れています。

こうした意欲的な企業内診断士は、数的にはまだまだ少数派ですが、企業内診断士の活躍の舞台は着実に広がっています。
次の第2章から第4章まで、例外的に大活躍している企業内診断士を紹介します。

第2章

ネットワークと活動の舞台を広げる

この章では、東京都で地域支援に取り組んでいる高田直美さんへのインタビューを紹介し、ネットワークを広げ、診断士活動に繋げる方法について考えてみます。

<インタビュイー>

高田 直美

大学院（工学系）卒業後、製薬会社に勤務。学術部門、マーケティング部門等で様々な製品に関わり、新薬のプロジェクトでは領域No.1となった。2023年10月より環境省に転職し、国のために働いている。

中小企業診断士に2016年登録。東京都中小企業診断士協会に所属し、社会貢献事業推進部・部長、城東支部・副支部長。日本医療研究開発機構（AMEDプログラムオフィサー、日経xwomanアンバサダーなども務めている。

企業の事業推進、伴走支援、地域活性化などに従事している。

【インタビュー】

●仕事

――最近、転職されたそうですね。というあたりを含めて、まずはご経歴から教えてください。

高田：はい、昨年暮れに長年勤めた製薬会社から環境省に転職しました。浜松市の出身です。大学では理系で実験などをしていました。

――理系女子は珍しい時代ですね。それから製薬会社ですか。

高田：大学の指導教授がやり手の方で、色々な会社に伝手がありました。当時はバブル終わり頃だったこともあり、製薬会社のことをあまり知らないまま、何となく面接に行き、「はい、合格です」と言われて入社しました。女性の同期入社は少なく6名でした。大半は男性でした。

――最初の会社でのお仕事は。

高田：製薬会社は一般薬と医薬に分かれており、6か月間の研修のあと医薬の方の医薬情報部に配属になりました。医薬の拠点が東京・埼玉にあり、私は入社以来、ずっと東京です。新規設立したグループ会社に出向していた時期もあり、学術部門、プロダクトマネジメント部門、審査部門を経験しましたが、医薬品領域ということでは同じでした。ただ、新薬のプロジェクトや主力製品を担当するなど、様々な経験を積むことができました。

――順調な会社生活のように見えますが、転職を決意したきっかけは。

高田：2016年に診断士を取得し、色んな会社を見てきました。役職定年が見えてきて、このまま1つの会社でキャリアを終えて良いのかな、という気持ちになってきました。会社で、いつの時期にどういう仕事があるとか1年がわかって、安定した状況に甘んじていいのかと迷いました。周りの人とも良好な関係で、診断士活動をする上でも融通が利いて、居心地は良かったのですが……。でも「本当にこの状態を続けて良いのかな」と思いました。

――60歳以降を意識したのでしょうか。

高田：60歳以降も定年延長で会社に残るという選択肢もありましたが、診断士としてやっていくなら、違った世界を経験する方が良いと思いました。また、60歳になると年収が激減するという現実も意識しました。

――50代で民間企業から役所に転じるというのは大きな変化ですね。環境省を選んだのはなぜですか。

高田：学生時代に将来は、公的業務で霞が関で役人として働いてみたいという気持ちがありました。今回、診断士として独立開業と共に他の仕事も考えていた時、環境省のお仕事がありました。たまたま診断士の社会貢献事業で環境課題に取り組んでいたことで知識もありました。夢がかなってラッキーです。

●診断士の受験

――診断士を受験しようと思ったきっかけは。

高田：若い頃、猛烈に残業していました。子どもが産まれる時に「さみしい思いをさせたくない」「残業せずに効率よく仕事をするには、知識・スキルを高めなければならない」とまず思いました。法務・ITなど幅広い知識を学べるということで、診断士を受験することに決めました。

――そして受験勉強を始めたが合格まで道のりは長かった。

高田：ええ、結果的に、診断士の取得まで13年かかりました。

――13年ですか。よく続きましたね。

高田：要領が悪すぎました。初めての受験の前の半年は、土日開催のある学習グループに参加していたのですが、まだ小さかった子ども達の相手をするために出席できなかったりして。2年目からは独学でした。

箸にも棒にも掛からない点数なら諦めるのですが、わずかに合格点に達しないと、「やっぱりもう1年」となりました。

その後、1次試験に合格しましたが、有効期間（2年間）の間に2次試験に合格できず、また1次からやり直しになってしまったり。

会社業務が多忙だったことや2人いる子どものPTA役員を任せられたりして、学習意欲が落ちてしまったりと、なんとかやっていたら、13年もかかりました。

――合格して、会社からは優遇措置とかあったんですか。

高田：いえ、名刺に「中小企業診断士」と入れようと人事に相談したところ、「会社の業務と関係ないから」と却下されました。

――そういう会社だと副業もはばかられたでしょうね。会社に内緒で活動していたんですか。

高田：いいえ。実施した診断士業務は上司にきちんと報告していました。

●診断士としての活動

――その状況で、診断士活動に入り込んでいった経緯は。

高田：合格したものの、診断士がどういう活動しているのかわからない状態でした。合格同期の仲間から「将来プロコンとして活動する。そのためにプロコン塾に入る」と言われ、「プロコン塾っていうのがあるんだ」と知る感じでした。
そして、合格後の実務補習も仕事が重なり受けられなかったので、支部の違いもわからず、ただ「地元がいいな」というだけで城東支部に入会しました（著者注：城東支部のエリアは、足立区・江戸川区・葛飾区・江東区・墨田区）。

――成り行きもあるのですね。

高田：城東支部のプロコン塾の方は、「別にプロコンになる必要はないから気軽に」と誘われて、勉強になるかなと思い参加しました。
また、受験生支援の団体でブログ執筆やホームページ更新の知識がついたり、研究会で企業支援の機会を得たりと様々なことが、その後の活動の足掛かりになりました。

――それらが実際の診断業務などに繋がっていったわけですね。

高田：城東支部で観光地域づくり法人（ＤＭＯ）の活動を支援する案件があり、商工会議所で開催された説明会に参加しました。
そこで、Ｔシャツ製造などで地域活性化に取り組む久米繊維工業・久米信行社長の講演を聴きました。久米社長の墨田の地域活性化に賭ける思いに感銘を受けました。久米社長の「自分で勝手に観光協会をして、どんどん地域の良さを発信することで、地域の活性化になる」という内容に触発されて、ＳＮＳでの発信を始めました。

――そして、地域支援に興味を持ったんですね。

高田：ええ、「地域活性化って素晴らしいなぁ」と思い、地元での活動を始めました。そこで、地元で活躍する中小企業を取材するお仕事をいただき、多くの経営者と知り合いになることができました。イベントなどに参加するうちに、私の顔と名前を覚えていただき、ネットワークが広がっていきました。

――地元が診断士活動の足場になっているわけですね。

高田：はい。もう1つは経営者とのつながりが活動基盤です。経営の話をざっくばらんにしていただけで、経営者とのネットワークが広がりました。

――プロ顔負けのすごいネットワークの広がりですね。どういう支援が多いんですか。

高田：やはりこの4年間はコロナ禍ということもあって、補助金などの申請支援が多かったです。私が診断士を取得した頃は、補助金申請をしたことないけれど「補助金診断士って安易に稼いで嫌だよね」「(プロコンでも) 診断士では食べていけないでしょ」という否定的な声がありました。

でも、実際に補助金申請支援をやってみると、良いやり方と悪いやり方がわかってきて、良いやり方をすれば中小企業に役立つことを実感できるようになりました。

――公的支援の仕事が増えていったんですね。

高田：補助金をきっかけに、地元の中小企業から新規事業に挑戦したいという相談を直接受ける機会が増えました。

また、国立研究開発法人 日本医療研究開発機構（AMED）の医工連携イノベーション推進事業における研究開発課題評価の審査なども担当させていただくようになりました。

この事業は、高度なものづくり技術を有する中小企業・ベンチャー企業等の医療機器の開発・事業化を促進する事業です。製薬会社に在職中はこのような委員をできるとは思ってもいませんでしたし、今年度からプログラムオフィサーへの就任依頼もあり、企業や社会のために尽力できるのは嬉しいです。

――審査の仕事って、なかなか面白いですよね。

高田：そうですね。色々な事業を知ることができますし、行政・金融機関・学術専門家など様々な人と繋がるのも魅力です。

●診断士としての心構えと今後

――これまで色々と経験された中で、これはうまくいった、クライアントから納得していただけた、という案件があれば紹介してください。

高田：経営支援を依頼されて、マーケティングや組織運営面の総合診断をしたり、経営の助言をしていたら、顧問になって欲しいと言っていただけることが増えてきました。

診断士を取得したばかりの頃は、どのように直接、企業から仕事を得ることができるのだろうとまったく分からなかった頃を思い出して、感慨深いものがあります。

――逆に失敗したという事例があれば教えてください。

高田：細かい失敗はしょっちゅうです。補助金申請支援はやや苦手で、経営者と二人三脚で一生懸命に取り組んで不採択だと、申し訳ない気持ちでいっぱいになります。ただ、私を知って依頼してくる方々なので、複数回トライしてくれて、そうして採択になるとお互い嬉しさもひとしおです。教育関係の事業をされている方からは、あの時の補助金を活用して構築したシステムのおかげで、事業が伸びていますと報告をいただき、さらに嬉しく感じました。

――診断士活動をするうえで、心がけていることはありますか。

高田：依頼されたことは遅滞なく、真摯に対応しようと心がけています。また、世の中の技術はどんどん進化するので、最新情報を得て、企業に役に立つ提案ができるようにと思っています。ただ、診断士仲間にはさらに努力されている方々もいるので、自分も精進しようと反省するばかりです。

――今後の診断士活動について、どういう展望をお持ちですか。

高田：いまのところ、とくに大きな目標を持っていません。いまの職場はフレックスワークなどかなり融通が利くので、自分なりのペースで地域の中小企業に貢献できればと思っています。

――各種の団体・組織の役職については。

高田：現在、各種の役員をしています。さらにそのような活動の比重を高めていくかというと、どうしようか思案しています。基本はボランティアですし、これまでのキャリアを高く評価していただいているので、本業中心に無理のない範囲でやっていきたいと思います。

――退職してプロコンとして活動した方が、今よりもずっと幅広く活動できるのではないでしょうか。

高田：そこは、少し迷っているところです。ただ、プロコンをしている方も、公的支援機関に登録して仕事を請け負っているケースが多く、それなら今の自分と大して変わらないのかなと。

――高田さんにとって診断士とはどういう資格でしょうか。

高田：会社勤めをしているだけだと、社外で幅広く活動することはできません。というより、社内と違う世界が広がっていると知ることすらないでしょう。とくに公的支援では、診断士を持っているから来るという仕事が多くあります。そして、色んな会社の裏側・細部まで見ることができます。診断士を取って世界が大きく広がって、本当に良かったと思います。

●読者の皆さんへのメッセージ

高田：企業内診断士でもできることがどんどん増えています。地域や中小企業には色々な貢献ができるので、積極的に活動してほしいと思います。

――女性診断士にも一言。

高田：他の女性診断士もそうですが、私も家庭との両立では苦労しました。一方で、例えば女性の視点を知りたいとか、女性だから色々な方面から声を掛けていただくこともよくあります。ぜひプラス面を前向きに捉えてチャレンジしてください。

――本日はありがとうございました。

＊＊

【解説】

診断士のネットワーク

読者の皆さんは、高田さんの活動にどういう感想を持ちましたか。

とくに家事・子育てに忙殺されがちな女性の診断士・受験者は、「会社と家事などを両立するので、精一杯。さらに診断士活動って、私にはとてもとても無理」と思われたかもしれません。

高田さんは、会社の業務や家事をおろそかにしているわけではありません。目を引きつらせてフラフラになりながら診断士活動をしているというわけでなく、自然体で活動を楽しんでいる様子です。

わが国では、1986年に男女雇用機会均等法が制定され、女性活躍が叫ばれながら、今なお男性中心社会が色濃く残っています。製薬業界は、MRなど体育会系の男社会だと言われます(近年は変わりつつあるようです)。中小企業では圧倒的に男性の経営者が多いことから、診断士の世界は製薬業界に輪をかけて男性中心です。

こうした中、製薬会社でも診断士の世界でも着実に実績を上げ、活動を広げている高田さんは、完全にまねをするのは難しいとしても、多くの女性にとって大いに参考・刺激になったのではないでしょうか。

高田さんが幅広く診断士活動をしているのは、もちろん本人の能力・努力によるものですが、同時に中小企業診断士協会や商工会議所などからサポートを得てネットワークを拡充できたことも大きいように思います。

ここからは、中小企業診断士協会を中心とした企業内診断士の活動の実態をお伝えしましょう。

これからいったい何をすれば良いのか？

診断士に登録し、「これで俺も診断士」「私もここまでよく頑張った」と感慨にふけった次の瞬間、今後のことが不安になってきます。

「さて、これからいったい何をすれば良いのか？」

高田さんもそうだったように、多くの新人診断士は、診断士の活動について知りません。もちろん、診断士の活動を紹介する書籍が多数ありますし、近年多くの診断士がＳＮＳで発信しているので、なんとなく様子はわかります。

ただ問題は、書籍は成功した（らしい）著名なプロコンが書きますし、ＳＮＳは自分に都合の良いことや当たり障りない表面的なことしか書きません。本を読み漁っても、診断士のＳＮＳに目を通しても、実態はなかなかわかりません。

この状況で、企業内診断士が取る行動は、以下の２つです。

A：受験仲間の合格者に話を聞いたり、SNSの診断士グループに参加して、診断士の活動についてさらにリサーチする
B：中小企業診断士協会や診断士グループに参加して、活動を始める

当然、AとBの両方をする、A・Bのどちらかをする人がいるわけですが、危険なのは延々とAだけを続ける人です。

リサーチをどれだけやっても、診断士の活動実態は掴めません。リサーチというと聞こえは良いですが、自分からは提供するネタがないので、他人の話を聞くだけ、他人の投稿を見るだけ（いわゆるROM）です。というのは非常に味気ないので、しばらくすると飽きてきて、診断士活動への興味が薄れてきます。

そうしているうちに、診断士そのものへの関心が失せてきて、理論政策研修と実務従事だけが診断士との接点になり……。そうです、第1章で紹介した「資格取得が最終ゴール型」になってしまうのです。

やはり高田さんが即座に東京都中小企業診断士協会・城東支部に入会したように、中小企業診断士協会や診断士グループに参加し、なにがしかの活動を始めると良いでしょう。

居場所を確保することは重要

「資格取得が最終ゴール型」にならないためには、とにかく活動を始めることが大切です。では、中小企業診断士協会や診断士グループに参加せず、個人で活動することは可能でしょうか。

近年、インターネット上（とくにYouTube）の学習コンテンツが非常に充実してきており、組織・グループに参加しなくても、安価・手軽に自己啓発をすることができます。公的診断などの活動も、個人で公的支援機関に登録して直接請け負うことは不可能ではありません。

また、将来プロコンになることを目指しているとしても、組織・グループに参加するのは必須ではありません。とくに私のようなD型は、籍を置いていてもあまり積極的に参加していないのが普通です。

しかし、個人で活動するというのは例外的です。とくに企業内診断士の場合、活発に活動している人は何らかの組織・グループに参加しています。

中小企業診断士協会や診断士グループに参加することには、次のようなメリットがあるからです。

① 会員向けの研究会・セミナーなど学習機会がある
② 公的支援などの情報提供がある
③ 公的診断などに参加する機会がある
④ 色々な診断士・関係者と知り合うことができる

もちろん、理屈の上では、いずれも組織・グループに参加しなくても実現できます。とくに①②は、インターネットの利用によって、個人で活動することのデメリットは以前と比べて小さくなっています。

ただし、③については、個人での活動はかなり不利です。公的支援機関や中小企業との関係づくりなどは、かなり活動的な人でないと難しいでしょう。

また、④は、かなり人が好きで、ネットワークづくりに積極的なタイプでないと、困難です。

一方、組織・グループに参加すると、とくに意識し、積極的に動く必要はありません。高田さんは、診断士を取得するまで、副業や社外ネットワークづくりに積極的ではありませんでしたが、中小企業診断士協会に入ってから、③④が着実に実現しました。

「資格取得が最終ゴール型」にならずにしっかり診断士活動をしたいなら、組織・グループに参加し、〝居場所〟を確保することが必須と言えます。残念ながら、第1章で紹介したとおり、組織・グループに参加する企業内診断士は少数派です。

自主的な診断士グループは機能しない

では、どういう組織・グループに参加するべきでしょうか。

最も身近で一般的なのが、中小企業診断士協会です。企業内診断士の多くが、各都道府県の中小企業診断士協会に入会し、傘下の研究会などで活動しています。

これに次いで多いのが、受験時の実務補習の指導員を担当した先輩診断士が主宰する個人グループです。ほとんどの新人診断士にとって、実務補習の指導員は人生で初めて本格的に接するコンサルタントです。「師匠」が主宰する研究会に参加し、生涯に渡ってお付き合いするわけです。

これ以外にも、全国各地に以下のような診断士の組織・グループがあります。

- 営利目的の組織
- 著名なプロコンが主宰するグループ
- 大企業の社内の診断士グループ（※NECやアサヒが有名）
- 大学の同窓生組織（※早稲田大学の診断士稲門会、慶応義塾大学の診断士三田会など）

ただ、私の知る限り、中小企業診断士協会と営利目的の組織を除く自主的なグループは、組織的にしっかり運営するのが難しく、懇親以外の目的で長期に渡って活発に活動しているというケースは非常にまれです。組織・グループを運営するのは骨の折れることで、営利目的でない限り主宰者のパワーがなかなか続かないようです。

基本的には、企業内診断士が活動するという場合、中小企業診断士協会に参加するのが良いと思います。もちろん、しっかり活動している診断士グループが見つかったなら、そちらでも構いません。

中小企業診断士協会に入会する

中小企業診断士協会について、少し詳しく紹介しましょう。

全国の都道府県に中小企業診断士協会があります。東京都中小企業診断士協会の場合、さらに中央・城東・城西・城南・城北・三多摩という6支部があり、いずれかの支部に所属します。

首都圏に在住する診断士の場合、どの協会・支部に参加するかという問題があります。実務補修の指導員から誘われて入会するか、とりあえず企業内診断士が多数いる中央支部を選ぶことが多いようです。

ちなみに私は神奈川県横浜市に住んでいますが、実務補修の指導員から誘われて城西支部（新宿区・杉並区・豊島区・中野区）に入会しました。

各協会・支部ともだいたい似たような活動をしていますが、違いもあります。診断士登録する春先に各協会・支部の説明会が開催されるので、出席し、以下のような点を確認します。

- ☑ 会員数が多いか、少ないか
- ☑ 会員はプロコンが中心か、企業内診断士が中心か
- ☑ 活動が多彩で活発か
- ☑ 興味・関心のある研究会があるか
- ☑ 関係を深めたい先輩診断士がいるか

この中で少し悩ましいのが会員数とその構成です。約1500人が所属する中央支部のように会員数が多いと、幅広いネットワークを構築できる半面、診断実務などに参加するチャンスが少なくなります。会員数が少ない場合は、その逆です。

中央支部は企業内診断士が中心で、企業内診断士のネットワークを広げるには有効です。中央支部以外の支部や各道府県の協会はプロコンが中心で、プロコンとのネットワークを広げたり、地域密着で活動するのには好都合です。

また、物理的な参加のしやすさも考慮する必要があります。長く活動を続けることが大切なので、高田さんが地元の城東支部に入会し地域支援で活躍しているように、職場や自宅に近い協会・支部の方が良いかもしれません。

なお、所属する協会・支部をいつでも自由に変更することができます。実際に、所属を変更する診断士をよく見かけますし、2つ以上の協会・支部を掛け持ちする診断士もいます。

ただ、あまり頻繁に所属を変更したり、掛け持ちをすると、深いネットワークを構築できません。これだと思う協会・支部を見つけて、根を張って活動すると良いでしょう。

研究会が診断士活動の中心

中小企業診断士協会における第1の活動は、研究会です。

協会・支部には様々な研究会があります。

研究会といってもその内容はまちまちですが、多くの研究会でメインになっているのは、研究成果発表です。毎月の定例会で、会員が持ち回りで研究成果を発表します。発表の長さは、質疑応答込みで1時間から2時間です。20名の研究会なら2年に1～2回発表の機会があるというところです。

研究会で研究成果を発表する、というとなんだか仰々しいですが、学会のような集まりとはかなり違います。新たに何か大々的に研究するというよりは、自分が仕事で取り組んでいることや専門的に知っていることを整理して発表する、という程度です。

プロコンなら、自分自身のコンサルティング活動を事例紹介を交えて発表したりします。一方、企業内診断士の場合、勤務先の業界の状況や職場での問題解決の事例を紹介したりします。個人で研究し、発表するのが基本ですが、グループで取り組む場合もあります。

〈図表5〉のとおり、私が所属する城西支部（会員数約600名）には、プロコン塾を含めて12の研究会があります。2024年7月の研究テーマを見るとおり、研究発表や中小企業支援など多彩な活動をしています。

ちなみに、私は流通問題研究会と国際化コンサルティング研究会の2つに所属しており、2024年7月の成果発表はいずれも私が担当しました。たまたま発表が同じ月に重なりましたが、普段は1～2年に1回です。

●研究成果発表に挑戦

ここで、興味のある研究会を見学（あるいは体験入会）し、次の研究会を見学し……とリサーチを繰り返し、なかなか特定の研究会に定着しない企業内診断士をよく見かけます。

また、特定の研究会に定着しても、「プロコンの皆さんを相手に発表することなどありません」と、他人の発表を聴くだけで研究成果発表をしない企業内診断

＜図表5　研究会と発表テーマ＞

研究会名	テーマ
ものづくり経営管理	エネルギー管理士という資格
情報管理	中堅・中小企業の基幹システムの動向
流通問題	失敗事例から学ぶ！プロコンのマーケティング
コンサルティング実務	（会員交流懇親会）
ビジネス法務	城西地区自治体の中小企業融資あっせん制度比較
労務管理	（未定）
先端小売業	（支援するカフェのマーケティング提案に向けた討論）
国際化コンサルティング	大学とグローバル競争
飲食業界	寿司屋の競合店調査
三方よし！支援施策	認定支援機関設立の意義と診断士活動
次世代デジタルコミュニティ	メタバースの最新のニュース

（城西支部ホームページより抜粋）

士が大半です。

しかし、「これだ！」と思う研究会を見つけたら、継続的に参加しましょう。そして、聴講するだけでなく、自ら「やります！」と手を挙げて成果発表を担当したいところです。

プロコンを相手にプレゼンテーションをするというのは、準備がたいへんですし、緊張します。ただ、得られる効果も絶大です。

たとえば、ドラッグストアチェーンに勤務している企業内診断士が「ドラッグストアチェーン業界の現状と展望」というテーマで発表するとしましょう。当然、事業の仕組みや自社の状況は準備しなくても簡単に説明できますが、それだけでは聴き手のプロコンには納得してもらえません。

競合他社も含めて業界全体を調査し、業界の課題を明確化し、「こういうコンサルティングのニーズがある」というところまで整理して発表すると、合格点です。さらに聴き手が「おっ！」と目を見張る斬新な視点や説得力のある提案があれば、満点です。

こうした、満点を目指して準備する過程が、自社の殻に閉じこもりがちな企業内診断士にとって視野を広げ、深く自社・自業界のことを知る貴重な勉強になります。

さらに勉強になるのが、プレゼンでの質疑応答です。

質疑応答では、プロコンなど聴き手から色々な質問・指摘があります。とくに高齢のプロコンは常識・遠慮が足りないので、「分析が浅い」「提案に現実性がない」「やっぱり企業内診断士は頭でっかちで話がつまらん」などとダメ出しをされることがあります。

こうした質疑応答によって、研究テーマについてさらに理解を深め、足りない点を確認することができます。

もう1つの成果発表の大きな効果は、他の会員に自分のことを覚えてもらえるということです。協会・支部に入ると、新人歓迎会などのイベントがあります。研究会に入ると会員と知り合いになれます。ただ、それだけでは、「ドラッグストアチェーンに勤めている新人の山田さん」というだけで、自分の深いところまでは知ってもらえません。

ここで、成果発表をすると、良くも悪くも自分のことを深く知ってもらえます。「新人の山田さんは、小売店の営業戦略について詳しいし、マーケットを分析するスキルもなかなかだ。ただ、現場のことはあまりわかっていないようだ」という具合です。

こうして自分のスキル・経験を知ってもらうと、経営診断・執筆など色々な案件で声を掛けられるようになります。

私の体験を紹介します。私は日本石油（現ＥＮＥＯＳ）に勤務していた１９９５年に資格登録し、即座に城西支部、傘下の流通問題研究会に入会しました。入会したその年、「変革期のガソリンスタンド経営」というテーマで発表しました。今から思うとお粗末な発表でしたが、顔・名前を覚えてもらえました。

当時、流通問題研究会では、『業種別審査辞典』（一般社団法人 金融財務研究会）という書籍の執筆を請け負っていました。その改訂作業で、私は石油業界プラス2業種の執筆を担当させてもらいました。石油業界以外も任せられたのは、成果発表で分析力を認められたからだと思います。

経営診断・コンサルティングを請け負う

協会・支部は、公的診断や民間コンサルティングの案件を受注し、会員に紹介しています。これが企業内診断士にとって、研究会に次ぐ協会・支部の重要な役割です。

協会・支部が公的支援機関や民間企業から直接受注する場合もあれば、受注に特化した別の下部組織を作って対応しているケースもあります。

城西支部の場合、「城西コンサルティンググループ（JCG）」という下部組織が受注の受け皿になっています。担当エリアである新宿区・杉並区・豊島区・中野区それぞれに診断士会があり、JCGは各区の診断士会と連携して地域で活動しています。

城西支部の企業内診断士の多くが、JCGや各区の診断士会に入会し（掛け持ちで入会することが多い）、経営診断・コンサルティングを請け負っています。

ここで、企業内診断士からは、「おいしい案件はプロコンが独占して、我々にはあまり仕事が回ってこないのではないか」という疑念があります。

たしかに、割合で言うと、昔も今も受注した案件をプロコンが担当することが圧倒的に多いのは間違いありません。クライアントから見て、平日の昼間には対応してもらえない企業内診断士は使い勝手が悪いからです。

しかし、第2次安倍政権が発足した2012年以降、中小企業支援の予算が拡大し、協会・支部が受注する公的支援の案件が劇的に増えました。それに伴いプロコンだけでは対応できないという状況が起きています。2020年からのコロナ禍で、この傾向はさらに顕著です。

高田さんが城東支部を通して多数の公的支援を請け負っているとおり、意欲のある企業内診断士が経営診断・コンサルティングを請け負うのは、決して難しいことではありません。

協会・支部の組織運営に協力する

ところで、協会・支部には、会員部・研修部・総務部といった組織の運営を担う部署があり、会員の診断士がボランティアで活動を支えています。こうした部署に所属して組織運営のお手伝いをするのも、企業内診断士にとって重要な活動です。

「重要な活動」と言われて、「ボランティアで裏方の仕事をして、いったい何の得になるの?」

と思われるかもしれません。しかし、かなり得があります。

1つは、ネットワークが広がることです。協会・支部の組織運営は、幹部層・一般会員や外部機関と関係しながら業務を進めます。組織運営に関与すると、自然にネットワークが広がります。

もう1つは、経営診断・コンサルティングの受注機会が増大することです。多くの協会・支部では、組織運営に協力する会員に優先的に案件を紹介するというルールを作っています。そういうルールがなくても、返報性の原理で「いつも会員部で頑張ってくれている増田さんに案件を回してあげよう」という判断になります。

つまり、ネットワークを拡大したい、経営診断・コンサルティングに取り組みたいという企業内診断士にとって、組織運営への協力は非常に重要なのです。

もちろん、組織運営への協力は、時間も労力もかかり、しかも無報酬なので、なかなかモチベーションを保ちにくいのが実態です。本業もある企業内診断士は、無理のない範囲で協力すると良いでしょう。

ネットワーク作りのポイント

ここまで、中小企業診断士協会を中心に企業内診断士のネットワーク作りについて見てきました。この章の最後に、ネットワーク作りについてまとめます。

高田さんがどんどんネットワークを広げて活躍しているのを見て、「こんなにうまいことネットワークが広がっていくものなのか」と思われたかもしれません。

ただ、「高田さんは特別」「たまたまでしょ」と考えるのは皮相的で、高田さんは、ネットワーク作りのポイントを見事に突いています。

1つ目のポイントは、人と知り合う機会があったら、まず会ってみること、興味深い誘いがあったらまず話を聞いてみることです。

よく、「人脈は量よりも質だ。誰彼構わず知り合いを増やしても仕方ない」と言う人がいます。まったくそのとおりですが、それは後になって結果的にわかることです。

ファーストコンタクトでは、「この人と会っておくと先々良いことありそうだ」とか考えず、会っても無意味であることが明白でない限り、積極的に会ってみると良いでしょう。もちろん、会ってみて、「付き合っても無意味だな」と思ったら距離を置きます。

もう1つのポイントは、ネットワークをアクティブな状態にすることです。

SNSの普及で人と繋がることが容易になりました。また、オンラインでもオフラインでも、様々なネットワーキングの場があります。

ただ、広がったネットワークをアクティブな状態に維持するのは、容易ではありません。Facebookで友達になっても、異業種交流会で名刺交換しても、半年もすると「この人誰だっけ？」となるのが普通です。

アクティブな状態とは、たとえば自分の知らない業界について知りたいと思った時、物流業界の知人に「物流業界ではDXがどれくらい進んでいるの？」と気軽に聞ける状態です。

他人との親密さは、コミュニケーション量に比例します。SNSに自身の近況を投稿する、他人の投稿にレスポンスする、というのが親密さを増すための最も手軽な方法です。

さらに、よりアクティブな状態にするには、本書でインタビューした3人が実践しているように、何か一緒に仕事や研究に取り組むのが効果的です。皆さんも日ごろ職場で経験しているように、一緒に何かに取り組むと親密さがぐっと増します。

第6章でも述べるとおり、診断士はネットワークを広げ、違った世界を見せてくれる「人生のパスポート」です。これから受験するという人は是非パスポートを手に入れてください。企業内診断士の方は、せっかく手に入れたパスポートを活用してください。

第3章

副業で会社と社会に貢献する

この章では、スマートシティの専門家として活躍する土屋俊博さんへのインタビューを紹介し、企業内診断士の副業の実態・ポイントと社会貢献のあり方について考えます。

<インタビュイー>

土屋 俊博

大学（工学部）を卒業後、電機メーカーの新事業企画部門に配属。2年目から経営企画部門に異動しグループ経営・カルチャー変革・共創活動に従事。2019年から内閣府に出向しスマートシティ関連政策を担当。2022年5月に一般社団法人スマートシティ社会実装コンソーシアムの設立に携わり、同団体事務局所属。

中小企業診断士（2013年登録）。2019年に組織内中小企業診断士協会を設立。2023年より特定非営利法人中小企業・地域創生ネットワーク理事。

長野県小諸市出身。2024年4月から福島県会津若松市と千葉県流山市の二拠点居住。

【インタビュー】

●仕事

──まずは経歴から。長野県小諸市の出身で、大学は工学部ですね。

土屋：化学システム工学部で、研究分野は「薄膜初期堆積過程におけるCVD成長」でした。CVDとはChemical Vapor Depositionの略です。
広い意味ではナノテクで、シリコンなど半導体の製造過程材料の関係です。

──半導体の仕事をやるために総合電機メーカーに就職されたんですか。

土屋：いえ、まったく違いまして、システムエンジニアを志望していました。
大学卒業当時は、インターネットのブロードバンドが急速に普及し始めた頃で、通信・IT
に興味を持ちました。就職氷河期だったこともあって将来的に需要が見込めそうなIT関連
を志望しました。

──入社して配属されたのは。

土屋：インターネット事業戦略室でした。ブロードバンドを使って新規事業を創出・展開しようという部署でした。

色々な業種の状況を知ることができて面白かったんですが、配属されて1年でインターネット事業戦略室が廃止になってしまい、経営企画部へ異動になりました。

――経営企画部では、どういうお仕事をされたんですか。

土屋：経営トップのサポートとコーポレート改革関連に従事しました。その後は、グループに出向して経営企画、本体に戻って経営企画部と、グループ会社の経営管理の仕事をしました。

――自分で手を動かすというより、経営管理系の仕事をされたわけですね。

土屋：ええ、そうです。転機になったのは、事業部門への異動です。

――現在もご専門にされているスマートシティ関連の部署ですね。

土屋：はい。未来都市づくり推進本部という、街づくりにICTを活用するというコンセプトの事業です。

――自分から手を挙げて異動したんですか。

土屋：はい。年齢的に管理職に上がる頃で、「自分はこのまま経営管理系の管理職になることで良いのだろうか」と葛藤し、キャリアのやり直しを決めました。

――スマートシティに関心を持つきっかけはあったんですか。

土屋：スマートシティという言葉は2010年ごろから世の中に出てきたと記憶していますが、それ以前からそういった概念に関心ありました。私の実家の周りは不便なところで、車が無いと日常生活がままなりません。いまも両親が住んでいることもあって、ICTの力で便利な街や居住環境を作りたいという思いがあります。

そして、異動して1年も経たないうちに、内閣府科学技術・イノベーション推進事務局に出向になりました。「お前は経営企画部にいたから、役所で文章を書くのは得意だろ」という感じで白羽の矢が立ったのではと思います。

――内閣府では、どういうお仕事をされたんですか。

土屋：科学技術・イノベーション基本計画の策定やスマートシティ関連政策を担当しました。部局には約200人いて、半数は各省庁からの出向者、半数は民間企業・地方自治体からの出向者という混成部隊でした。

――出向から戻って、そこからはスシ職人（スマートシティ職人、土屋さんが命名）ですね。近年スマートシティが注目を集めています。スマートシティを推進する上で、何が難しいのでしょうか。

土屋：新しい技術を使って街づくりをするとき、いままでのやり方を変えることに抵抗感を持つ人が少なくありません。技術的な問題ももちろんですが、従来のサービスが受けられないとか、新しい仕組みの導入を面倒に思うとか、セキュリティの問題など、漠然とした不安を覚える方にどうご理解いただくかが難しいですね。

――スマートシティは今後盛り上がっていくのでしょうか。

土屋：ＡＩやＩｏＴなど新しい技術を社会実装したいというニーズが出てきます。スマートシティという言葉は使わなくても、ニーズは旺盛だと思います。

――コロナ禍で変わってきた部分はありますか。

土屋：人との接触が制限されて、今までの（アナログな）やり方ではダメだという意識を多くの方が持つようになりました。コロナ禍でデジタル技術の導入やスマートシティの検討をやりやすくなったように思います。

――スマートシティ推進で大切なのは。

土屋：やはり市民の参画ですね。行政主導ではなく、市民が技術で街を変えていくという動きになることが欠かせません。あと、変革を主導するリーダーですね。

――失敗することも多いんでしょうか。

土屋：この手の話には国から補助金が出るので、とりあえず補助金をもらってシステムを作って、でも街は何も変わっていない、という例は残念ながらたくさんあります。

――スマートシティのお仕事をしていて面白いと感じることは。

土屋：自治体だけでなく、住民・地元企業・大学など色々な人とかかわって仕事を進めることです。

●診断士の受験

――診断士の方ですが、診断士を受験しようと思ったきっかけは。

土屋：2007年頃、当時出向中の子会社で、先輩や役員が診断士資格を保有しており、資格の存在を知りました。父が地元の中小企業に勤めていたことから、中小企業を身近に見てきたということもあります。
経営企画部門にいながら専門的な業務知識を勉強する機会を作っていなかったことから、業務と親和性のありそうな中小企業診断士の取得を目指し勉強を始めました。MBAも考えましたが、時間の都合や費用の問題で選択肢から外しました。

――土屋さんの会社には、診断士が多いですね。

土屋：120人くらいいます。やはり変化が激しく個人のスキル向上が常に求められる業界なので、何とかしなければならないという危機感を持っている方は多いですね。

――受験勉強は予備校に通ったんですか。

土屋：いえ、独学で細々と勉強を続けました。経営企画の仕事をしていたので楽勝かと思いましたが、カバーできていない知識も多く、合格まで4年かかりました。

――資格登録し、中小企業診断士協会の方は。
企業内診断士ですと入会しないケースが多いようですが、入会しようか、迷いはなかったですか。

土屋：東京都中小企業診断士協会・城北支部に入会しました。実習の指導員をしていただいた先生のお誘いでした。

入会についての迷いはありませんでした。入会しないと人的ネットワークが広がりませんし、そもそも診断士としての活動の状況を知りたかったので。

●診断士としての活動

――診断士としての活動を始められたのは。

土屋：最初は城北支部・地域支援部の谷中銀座商店街（台東区）の支援でした。城北支部では地元の商店街の支援に力を入れており、私はその中の谷中銀座商店街を担当しました。

――「夕焼けだんだん」で有名な商店街ですね。

土屋：はい、そこです。商店街振興組合の理事長と協力して色々な企画を進めました。理事長はとてもアイデア豊富で、「猫のモニュメントを使ったイベント」「七福猫めぐり」などの企画を補助金なども活用して実現しました。猫好きな方の買い回りを促進することができました。診断士以外にもいろいろな専門家に参加していただき、30人くらいで活動しました。活動の枠組みを作る、専門家が協働するのをファシリテーションする、といったことは、会社の経営企画でやってきて得意だったので、その面で貢献できたと思います。

――会社での経験を診断士の活動で活かせたわけですね。

土屋：そうですね。地域支援は自分の経験・スキルを活かせるし、色んな人と交流して活動するのが面白いと思い、その後、南伊豆町の支援など活動を広げました。

――南伊豆町の支援についてお聞かせください。

土屋：2017年に城北支部会員の岩井智洋さん（診断士・中小企業基盤整備機構に所属）から紹介され、岩井さん・南伊豆商工会の木下和孝さん（診断士）・私の3人が中心となって活動しています。岩井さんは、「東京には企業内診断士がたくさんいるが、誰もバッターボックスに立たない、一方、南伊豆町など地方には専門家が足りない。このミスマッチを何とかしたい」という思いを持っています。

――大事な視点ですね。

土屋：まず24人の企業内診断士を「南伊豆応援隊」として組織し、南伊豆町長に、首都圏の企業内診断士がどういう支援ができるか提言しました。その後、南伊豆町商工会や地元の専門家・関係者と協力しながら、現在まで支援を続けています。

――24人を組織し活動するのはたいへんそうですね。

土屋：2018年当時、その24人が「観光振興」「産品開発」「移住促進」「地域企業支援」という4つのグループに分かれて提言を行いました。町長以下町の幹部に診断結果を報告し、一部が実現しました。
また、南伊豆町の産業振興計画の作成にも協力しました

――そういった流れで、2021年に組織内中小企業診断士協会を立ち上げたんですね。

土屋：はい、やはり新たに登録した診断士はどう活動したら良いのかわからない。いちいち説明し、活動を促すよりも、しっかりした組織を作る方が効果的だと考えました。
また、南伊豆町のような地域支援の受け皿として、岩井さんらと2023年に特定非営利活動法人中小企業・地域創生ネットワークを立ち上げました（現在、理事）。このほか、静岡県島田市の支援を開始するなど活動が軌道に乗り始めています。

――活動で苦労していることは。

土屋：診断士活動そのもので稼げるかというと、まだまだ心もとない。また、個人としての売れるスキルがあるかというと不安を感じます。

●診断士としての心構えと今後

――診断士活動をするうえで心がけていることは。

土屋：ひとりではなかなか具体的な案件組成にたどり着かないですし、時には他の方の力をお借りしながら進める必要のある仕事なので、関わってくださる皆さまへの感謝を欠かさないようにしています。

――診断士活動をしていて、会社の仕事にプラスの影響はありますか。

土屋：スマートシティでは、ありとあらゆる業種の企業と協力して街づくりを進めるので、診断士活動で色んな業種のことを知っているのは役立っています。社外に広いネットワークがあることが、社内で大きなアドバンテージになっています。

――キャリアについてお聞かせください。これまで電機メーカー1社でずっとキャリアを積んできたわけですが、転職しようと思ったことは。

土屋：何度かありますよ。ただ、今の会社でしっかりした成果を出さないと、転職で箸にも棒にも掛からないのではないか、と思いました。

――今後の展望をお聞かせください。

土屋：スマートシティという、新しい技術を活用した地域課題の解決や社会価値の創造を中心に仕事をしていけたらと考えています。
いずれかの企業・団体に所属しながら副業活動を続けていけたらと思っています。

――基本的には企業内診断士として活動していこうということですね。プロコンになろうと思ったことは。

土屋：診断士を取ってからはプロコンをウォッチしていますが、かなり厳しい世界だと思います。
自分自身の生活費を確保することと、やっていきたい分野の仕事とを重ね合わせることができるかが目下の課題です。

――土屋さんにとって診断士とは何でしょうか。診断士という資格について考えていることを教えてください。

土屋：世界を広げる可能性に満ちた魅力的な資格だと思います。通常であればなかなか話すことのないような異業種・異分野の方と接することができる「パスポート」です。もっとも、そのネットワークを活かすも活かさないもその人次第だなと実感しています。

――たしかに、活用できていない企業内診断士が多いですね。

土屋：診断士は、経営に関するあらゆる分野を網羅しており、経営者と対峙し会話をするための力強いツールになります。ただ、試験での知識は浅いものなので、継続的に研鑽をする必要があると思います。

●読者の皆さんへのアドバイス

土屋：必ずしも独立、起業ということでなく、組織に勤めながら資格を活かして活動し、本業に還元するという使い方も考えられます。企業内診断士の方には、いずれ独立（定年退職）という時期が来ることを視野に、細々とでもいいので活動を継続してほしいですね。

また、勤務先への貢献以外にも地域への貢献、コミュニティづくりという観点で貢献をすることもできます。そういった活動自体が本人のwell-beingを高めることに繋がるのではないでしょうか。

――本日はありがとうございました。

＊＊＊＊＊＊＊＊＊＊＊＊＊＊＊＊＊＊＊＊＊＊＊＊＊＊＊＊＊＊

【解説】

社会を変える副業

土屋さんの活動を見て、どう思いましたか。色々な気づきや参考になった点があったでしょうが、私は3つのことが強く印象に残りました。

第1に、土屋さんや南伊豆応援隊に参加している企業内診断士の皆さんが自然体で副業に取り組んでいることです。副業というと、会社に内緒でこそこそと小遣い稼ぎをするか、逆に尖がった人が破れかぶれでやるか。いずれにせよ「会社生活に馴染めない変人がするもの」というイメージを私は持っていました。しかし、土屋さんの活動を聞いて、それが完全に覆されました。

第2に、副業が自己満足に終わらず、社会にインパクトをもたらしていることです。

副業は、収入獲得にせよ、社会勉強にせよ、自分自身のためにやるのが普通でしょう。しかし、土屋さんは自分自身よりもまず社会や周りの人たちを意識して活動し、実際に社会にインパクトをもたらしています。

第3に、企業内診断士と会社の関係について、新しいモデル、というより理想像を提示しているように見えました。

この3点目については、何がどう理想と言えるのか、詳しくは93〜94ページで説明します。

ここからは、企業内診断士の副業のリアルと活動のポイントを見ていきましょう。

コロナ禍で企業内診断士の副業が激増

かつて日本企業では、社員の副業は原則として認められていませんでした。しかし、政府が働き方改革の一環で2018年に副業を解禁しました。2018年は「副業元年」と言われます。

診断士の世界でも、かつては企業内診断士が副業をしているというと、「変わり者」「会社生活がうまく行っていないの?」と白い目で見られました。しかし、いまや当たり前のように副業をするようになっています。

副業解禁とともに、トレンドが変わるきっかけになったのが、2020年以降のコロナ禍です。

第1に、コロナ禍でテレワークが普及し、柔軟な働き方が可能になりました。通勤して会社で平日の昼間はずっと拘束されるのと比べて、会社員が副業に取り組みやすくなりました。

第2に、コロナ対策の中小企業支援施策が増えました。一方、施策を現場で実行するプロコンが不足し、企業内診断士の協力が求められるようになりました。

第3に、対面の研修を実施するのが難しくなり、動画が普及しました。対面研修は平日の昼間に実施するので、企業内診断士が副業で講師を担当するのは不可能でしたが、動画では副業でも講師業務をかなりできるようになりました。

2024年現在、コロナ禍は終息し、コロナ対策の中小企業支援施策は縮小しています。ただ、副業に取り組む企業内診断士が増えるという傾向は変わっていません。

副業の目的は？

企業内診断士が副業に取り組む目的は、大きくは次の5つです。

①　ビジネススキルの向上（自己啓発）
②　実務従事ポイントの獲得
③　副収入の獲得
④　独立開業の事前準備
⑤　社会貢献

おそらく企業内診断士は複数の目的で副業に取り組んでおり、この5つの目的のどれが多いかは、はっきりしません。

とはいえ、大半の人が意識するのが、①自己啓発と②実務従事ポイントの獲得です。

もともと①自己啓発のために診断士を取得する人が多いので、副業をするという場合も、知識・スキルの向上に繋がりそうな業務を選びます。

また、プロコンと違って大半の企業内診断士は、②実務従事ポイントの獲得で苦労しています。中小企業診断士協会などが実務従事に参加する機会を提供していますが、有料です。どうせなら、金を払わず、逆に報酬をもらって実務従事ポイントを獲得しようと考えるのは、自然なことでしょう。

劇的に増えているのが、④独立開業の事前準備という目的です。

近年、中小企業診断士協会などが新規に登録した診断士を迎える歓迎イベントの場で、新人が「副業したい！」と表明するのがお約束になっています。中でも多いのは、「いずれはプロコンとして独立開業したい。そのための事前準備として、副業に取り組みたい」という方です。④については、第5章で詳しく検討します。

副業でどういう業務をしているの？

企業内診断士は、副業でどういう業務をしているのでしょうか。

かつて会社員の副業というと、勤務先に内緒で就業後に飲食店で働くといった非公認の、会社業務と無関係な活動でした。

しかし、最近の企業内診断士の多くは、勤務先に副業申請を提出して許可をもらい、会社員としての経験や診断士としての知識を活かせる業務に従事しています。

企業内診断士が副業で従事する業務は様々で、以下は多い順です（株式投資や飲食店・小売店の接客などは除く。順序は推測）。

(1) 補助金申請支援

かつて、補助金申請支援はプロコン（中でも年金診断士）の独壇場でしたが、コロナ禍以降、企業内診断士が受注する機会が増えています。

さすがに、企業内診断士が公的支援機関などから直接案件を受注するのは難しいので、第2章で紹介したとおり、中小企業診断士協会や受注グループから紹介を受けます。

(2) アドバイス

知人・友人などにアドバイスをして収入を得ることがあります（たいてい無料ですが）。なお、単発のアドバイスにとどまらず、顧問契約を締結して継続的にアドバイスを提供し定期収入を得ている企業内診断士もいます。

(3) 業務請負

動画・マニュアルといったコンテンツの制作や会計処理・翻訳・市場調査など、それまで企業が内製（自社内で実施）していた業務を請け負うことがあります。

(4) 執筆

雑誌や企業・団体の機関紙などに記事を寄稿して原稿料を得ることができます。

(5) 研修・セミナー講師

公的支援機関や企業・団体が主催する研修・セミナーに招かれて登壇し、講師料を得ることができます。一般個人向けに自分でウェビナーを企画・開催する若手の企業内診断士も増えています。

(6) コンサルティング

上記から発展して、企業・団体にコンサルティングを実施する企業内診断士が現れています。

副業収入はピンキリ

では、こうした業務によって、企業内診断士はどれくらい副業収入を得ているのでしょうか。世間では、近年の実質賃金の減少を受けて、副収入を得て生計の足しにしようという動きが広がっているようですが、診断士の場合はどうでしょうか。

企業内診断士の副業に関する統計はなく、収入の平均値は不明です。収入のレンジも、人によってまさにピンキリでしょう。

収入ほぼゼロで、副業とは名ばかりという人もいれば、3社と顧問契約して月20万円以上の定期収入を得ているという人やコンサルティングで年間500万円以上稼いでいる人などプロコン顔負けの企業内診断士もいます。

ただ、企業内診断士は時間的な制約があることから、平日夜や休日に取り組める補助金申請支援など公的支援が中心です。公的支援は報酬単価が1日数千円からせいぜい5万円と安いので、収入は限られます。

私の見る限り、公的支援を月1～2件こなしたり、知人・友人の会社にアドバイスをして月5万円以下の収入、という企業内診断士がほとんどだと思われます。

年末になると、企業内診断士から「今年は何とか診断士収支が黒字だった」「また診断士収支が赤字だった」という話を耳にします。〝診断士収支〟とは、収入から中小企業診断士協会の年会費など諸経費を差し引いた、診断士活動の収支です。

つまり、企業内診断士の多くが、トータルでは赤字か黒字かというレベルの収入しか副業で得ていないということを意味します。

副業収入への期待は大きい？

副業収入について、当の企業内診断士はどう考えているのでしょうか。

副業が一般的になるにつれて、「俺は副業コンサルで年100万円儲けた」といった成功体験をSNSで見かけるようになりました。すると、「羨ましい！」「私ならもっと稼げるかも」と金銭欲がふつふつと湧いてきても、不思議ではありません。

先日、ある診断士の集まりで内田研一さん（仮名）とお目にかかりました。内田さんは大手輸送機メーカーで管理職をしており、昨年診断士登録しました。

「初めまして」という挨拶もそこそこに、内田さんから、「私の年収は現在1200万円です。副業で本業と同じ1200万円を稼ぐことは可能ですか?」と相談されました。冗談半分ではなく、真顔でした。私は「それくらい稼いでいるプロコンはいますが、副業の場合ほぼ不可能です。年収を増やしたいなら、副業に精を出すよりも、会社で出世できるように全力を尽くすべきでしょう」と答えました。

副業で大儲けするためのアドバイスを期待していた内田さんは、「こいつ、プロのくせに何のアドバイスもないの? 使えないヤツだなぁ」という失望の表情を浮かべました。

内田さんが本業でそこそこ稼いでいるのに副業収入にこだわっていることと副業のリアルについてあまりも無知なことに、私はかなり驚きました。ともあれ、「収入の獲得」を目的に副業をしている企業内診断士が意外に多いのかもしれません。

副業収入にこだわって不幸に?

なかには、副業収入の目標を立てている企業内診断士もいます。

専門商社に勤める塩谷豪さん(仮名)は、4年前に診断士登録し、「副業で毎月6万円以上を稼ぐ」という目標を立てて、補助金申請支援など副業をしています。

副業を始めた直後から中小企業診断士協会を通して案件に声が掛かり、3か月後に目標の月6

万円を超え、やがて月13万円に達しました。当時はコロナ禍の最中で、補助金申請支援の案件依頼が殺到し、土日祝日すべてが副業で忙殺されるという状態でした。

しかし、コロナ禍が沈静化した2023年夏から、案件が減り始めました。最近では、月6万円を下回るようになり、収入ゼロという月もあります。

先日、塩谷さんに会ったところ、「忙しかったときは、趣味とか子供と過ごす時間がなくなり、かなり疲弊しました。かといって暇になり、収入が減って目標未達になると、不安な気持ちになります……」と言っていました。

私が「あくまで副業なんだから、収入にこだわらず、今の調子でマイペースにやれば良いのでは？」と言うと、塩谷さんは「自分でもそう思うことがあるんですが……」と言葉を詰まらせていました。

本業にせよ、副業にせよ、人が何を目的に働くかは自由です。しかし、塩谷さんのように副業収入に振り回されているのを見ると、収入を目的に副業をすることには、疑問を感じます。

収入以外を目的に活動し、収入ゼロで当たり前、大きな収入があったら「ラッキー！」と喜ぶ、というくらいの方が、無理なく楽しく副業を続けられるように思います。

本業と副業の好循環

収入以外というとき、企業内診断士はどういう目的で、どのように副業に取り組むべきでしょうか。ここで参考になるのが、土屋俊博さんの活動です。

①　土屋さんは、「経営企画部門にいながら専門的な業務知識を勉強する機会を作っていなかった」ことを反省し、診断士の学習を始めました。学習の過程で、幅広い知識を身につけることができました。

②　診断士を取得した後、谷中銀座商店街や南伊豆町の支援など地域の発展に寄与する活動をしました。「便利な街や居住環境を作りたい」という以前からの願いの延長線上にある活動です。

③　地域支援の活動では、「活動の枠組みを作る、専門家が協働するのをファシリテーションする、といったことは、会社の経営企画でやってきて得意だったので、その面で貢献でき」ました。

④　さらに、「(本業の)スマートシティでは……診断士活動で色んな業種のことを知っているのは役立っています」「社外に広いネットワークがあることが、社内で大きなアドバンテージになっています」と言うように、副業が本業にプラスに働いています。

つまり、土屋さんには、①診断士の学習が本業のスキルを高める、②本業で実現したかったことと関連した副業をする、③本業で培ったスキルを副業で活かす、④副業の経験が本業での優位性を高める、という本業と副業の好循環が生まれています。

私はこれまで企業内診断士の副業をたくさん見てきました。プロ顔負けの収入を得ている人や画期的な新事業を立ち上げた人など「すごい！」と思う人は何人もいますが、これだけ見事に本業と副業の好循環を実現したという人は、土屋さん以外に知りません。

もちろん、そういう副業の機会に恵まれるかどうかは、多分に運も影響するので、誰でも必ず実現するとは言えません。しかし、土屋さんの活動が企業内診断士にとって1つの理想であることは間違いないでしょう。

本業との関係には注意したい

ただし、土屋さんのように本業と副業が循環する状態は、理想的であるものの、会社との関係に注意が必要です。

本業との関係など副業をする上での留意点を紹介します。

まず、勤務先が副業を許可しているかどうかを確認します。

副業を禁止する法律は存在しないので、「副業禁止」としている会社に勤めて副業をしても、法的に罰せられることはありません。ただ、会社との関係は確実に悪くなるので、「副業禁止」の会社ではやはり副業をしない方が賢明です。

会社が副業を許可している場合、副業申請を提出します。「申請は不要。勝手にどうぞ」という会社もあるようですが、後々でトラブルになるケースも想定し、不要という場合でも副業申請を提出しておく方が良いでしょう。

なお、公務員に対しては、国家公務員法と地方公務員法で副業に関する〝三原則〟を設けて、副業を厳しく制限しています（禁止ではありません）。

三原則とは、次の3点です。

- ☑ 信用失墜行為の禁止
- ☑ 守秘義務
- ☑ 職務専念の義務

この三原則は、公務員だけでなく、民間企業でも当てはまります。企業勤務者も厳格に順守するべきです。

報連相をしっかり

加えて民間企業の場合、競業避止義務に注意が必要です。勤務先での業務と同じ内容の副業をしているのがバレると、就業規則違反で処分を受ける可能性があります。

たとえば、ＩＴベンダーに勤務しシステム構築をしている企業内診断士が副業でシステム構築をしたら、完全にアウトです。では、簡単なプログラミングならOKかというと、プログラミングもシステム構築の一部なので、グレーです。

少しでも競業避止義務に抵触する恐れがあるようなら、事前に会社に相談するべきでしょう。「少しでも」「事前に」が大切です。

また、競業避止義務違反が疑われる場合だけでなく、会社には副業についてしっかり報連相、特に報告をするようにします。

上司や人事部門は、「無理をして体調を崩していないか」「副業に力が入りすぎて昼間の仕事が疎かになっていないか」と心配しているものです。無用な心配を掛けないように、大きなこと・新しいことがあった時だけでなく、こまめに報告すると良いでしょう。

土屋さんも、第2章の高田直美さんも、第4章の青山雄一郎さんも、勤務先には診断士活動をこまめに報告しているそうです。

副業をしている他の企業内診断士から聞いた注意事項をもう3つ。

☑ 本業優先を徹底しましょう。副業によって本業のパフォーマンスが下がってしまっては、元も子もありません。少しでも本業に悪影響がありそうなら、副業をセーブするようにします。

☑ 同僚には、感謝の気持ちを持ちましょう。自分は効率よく仕事を終わらせて副業をしているつもりでも、何だかんだで同僚に助けられているものです。同僚への感謝の気持ちを持つことで、職場の人間関係を良好に保つことができます。

☑ 会社の同僚と副業収入の話をしてはいけません。大した金額の副業収入でなくても、正当な努力の結果であっても、「あいつの方が俺より収入が多いのはズルい」と考える人がいます。無用なお金の話をしないことが、人間関係を円満に保つポイントです。

診断士の社会貢献

この章の最後に、診断士の社会貢献について考察します。

SDGsが叫ばれている昨今、多くの企業が様々な社会貢献に取り組んでいます。一方そこで働く社員は、「何をすればいいの?」と途方に暮れているのではないでしょうか。

もちろん、SDGs・社会貢献に関心があるビジネスパーソンなら、私生活では環境保全などに取り組んでいるでしょうし、会社の中でも節電やペーパーレス化などを心がけているでしょう。

しかし、関心・問題意識が高い人ほど「本業で培ったスキル・ノウハウを活用して貢献できないものか」とフラストレーションを抱えています。

従来、社会貢献というと、たとえば災害ボランティアを派遣したり、地域や慈善団体に寄付をするなど、企業の活動とは無関係に企業の利益を犠牲にして行う貢献を意味していました。

それに対し、経営戦略論の大家マイケル・ポーターは、２０１１年にＣＳＶを提唱しました。ＣＳＶ（Creating Shared Value）とは、企業が社会の問題の解決に取り組むことで社会的価値を創造し、経済的な価値も創造されることを意味します。ＣＳＶは企業が本業での強みや経営資源を生かして社会貢献しようというもので、先進企業の間で広がりつつある重要なトレンドです。

ＣＳＶは企業経営に関する概念ですが、土屋さんの本業で培ったノウハウを活かして地域貢献する活動は、個人版ＣＳＶの実践と言えるでしょう。

もうひとり、ＣＳＶを実践している企業内診断士・林啓史さんを紹介しましょう。

林さんは、勤務先バスクリンでの通常の業務に加えて、９年前から有志とともに、メイン工場の工場排水が流れる瀬戸川（静岡県）の水環境を調べる取り組みを行っています。

また入浴剤の研究者としての経験を活かして、小学生低学年向けに水の大切さを伝える講義も行っています。こうした取り組みが評価されて、林さんは２０２０年、東京商工会議所が主催する「エコ検定アワード」のエコピープル部門で優秀賞を受賞しました。

知識・スキルをレベルアップさせ、それを活用して社会貢献したいというビジネスパーソンの方は、是非とも診断士に挑戦してください。企業内診断士でまだ社会貢献できていないという人は、土屋さんや林さんを参考に一歩活動に踏み出してください。

第4章

企業内診断士とプロコンの境界はあるのか？

この章では、コンサルティングファームを設立して活動する青山雄一郎さんへのインタビューを紹介し、コンサルティング活動を進めるポイントを検討します。

<インタビュイー>

青山雄一郎

大学卒業後、ゼネコンに入社。メーカー系のプラントエンジニアリング会社に転職。経営企画部門にて、中長期計画・短期計画策定、ミッション・ビジョン・バリューの策定と浸透、社名の変更、新規事業の立ち上げに従事。現、企画室長。XR関連の新規事業で、日本最大のアワードにて最優秀賞受賞、事業の世界展開を経験。

中小企業診断士（2014年度登録）。2017年にパラレルキャリアのコンサルティングファーム Knowledge Investment Group（KIG）設立、2022年に法人化。組織内診断士協会理事。

趣味はバンド（焼酎 On the rocks のギター）とお酒。公園をハシゴする2児の父。

【インタビュー】

●仕事

――就職までの経歴は。

青山：生まれも育ちも関西です。幼少期は大阪の堺で過ごしました。青山家は代々、中小企業の社長の家系で、祖父も父も事業をしていました。中学校くらいのときに父の事業がしんどくなり、学生時代は金銭的に苦労しました。京都の大学で、バンド活動に熱中していました。

――就職は。

青山：今の会社は2社目です。1社目はゼネコンでした。

――ゼネコンですか。志望理由は。

青山：大した志望理由はありません。就職氷河期だったので、1番規模が大きく、先に内定をくれた会社に決めました。5年勤めて、転職しました。

――転職した理由は。

青山：西日本の現場を1年おきくらいで転々と異動しました。色々な経験をさせていただき、経理、労務、法務などの基礎知識や交渉力などが身につき充実した毎日でした。ただ関西にいる彼女（現在の妻）と遠距離恋愛だったので、関西の企業への転職を決めました。

――業種などの拘りはなかったわけですね。

青山：ええ、会社の事業内容をあまり把握していない状態でした。今の会社では、最初に事業部門の企画をし、全社の経営企画に異動し、現在まで企画部門を中心に働いています。中期・年度の計画作り、ミッション・ビジョン・バリューの策定・浸透、社名の変更、新規事業の立案などをしています。自身の新規事業で、日本で1番のアワードを受賞し、海外展開まで進めた経験があります。会社での経験は、すべてＫＩＧの事業に生きています。（筆者注：ＫＩＧとは青山さんが設立したパラレルキャリアコンサルティングファーム）

●診断士の受験

――診断士を取ろうと思ったきっかけは。

青山：完全に自己研鑽です。以前から業務に関連した資格を取ることにしており、経営企画に異動したのをきっかけに挑戦しました。

――ＭＢＡは考えなかったのですか。

青山：父親に「ＭＢＡと診断士だとどちらが良いか」と聞いたら、「日本のＭＢＡを取っても金にならん。診断士の方が講師の仕事などもあり、良いのでは？」と言われ決めました。

――受験勉強は苦労しましたか。

青山：苦労しましたが、ほぼ独学で運よく2年で合格し、２０１４年に登録しました。

●診断士としての活動

――診断士活動を始めたきっかけは。

青山：2次試験に合格し、実務補修で京都の旅館に行きました。その実務補修はリーダーとして取り組みました。実務補修が終わり、その旅館の社長から、「このあたりは一見華やかに見えますが裏はスカスカ。ここで商売をしている者の多くは行く先を案じています。皆様のお力は明日の日本を元気にする力。ご尽力いただきたい方が多くおられます。なにとぞ、よろしくお願い致します」というメッセージをいただきました。その言葉で、「自分でもお役に立てることがあるんだな」と思いました。

――そのほかにもありますか。

青山：また、父が亡くなり、生前に苦労して事業計画を作っていたことを知って、「(診断士として)そばにいてサポートをしてあげれば、もっと違う未来もあったのかもしれない」とも思いました。

あと、実務従事ポイントのために金を払うのも馬鹿馬鹿しいと思い、ちゃんと診断士活動をすることに決めました。

――中小企業診断士協会には入ったのですか。

青山：兵庫県中小企業診断士協会に入会しました。兵庫県を選んだのは、(大阪などと比べて)企業数に対して診断士の数が少なく、実務の機会が多いだろうという判断でした。
当時、プロコンの多かった青年部会に入会し、協会が神戸市産業振興センターから受託した創業塾のアシスタント講師にお誘いいただき、初の仕事をしました。

――順調なスタートですね。

青山：創業塾に参加していた方がIT企業を起業し、後に私の最初の顧問先になりました。さらに、行きつけのバーの店主がオムライス屋を多店舗展開したいということで、相談に乗り、小規模事業者持続化補助金の申請支援をしました。

――当初は、そんなに診断士活動を手広くやる予定はなかったと思いますが。そこからKIGを立ち上げて組織的に対応していこうと考えたのは。

青山：手広くやる予定はありませんでした。
兵庫県中小企業診断士協会をきっかけに、自身の営業の結果もあり、少しずつ小規模な案件が入ってくるようになりました。翌年になるとさらに案件が増えて、ひとりで対応することの限界を感じるようなりました。やはり経営の問題は多様なので、色んな専門性を持つ仲間を募ってやった方が良いと考え、2017年にKIGを立ち上げました（2022年に法人化)。

——兵庫県中小企業診断士協会と協業することは考えなかったのですか。

青山：自分の活動で既に案件を取れてきていたので、そういう発想はありませんでした。また、私が資格取得した頃は副業の診断士の認知度も低かったことや、協会の案件は、平日昼間の仕事が多く、受注しにくいというのもありました。

——当初のコアメンバーは。診断士以外のメンバーもいたのですか。

青山：約15人です。私が知り合った専門性の高い診断士に声を掛けました。設立当初は、全員が企業内診断士です。

——現在のメンバー数は。

青山：契約締結済みのコンサルタントは約50~60人です。それとは別に、パラレルキャリア診断士のfacebookグループを運営しており、そちらは約520人が参加してくれています。たまにイベントをやっています。弊社は、メンバーの数は追い求めていません。あまり意味がないので。

――KＩGの現在の活動は。

青山：①民間企業の顧問、②三田市（兵庫県）など自治体・支援機関からの受託、③補助金申請支援、④プロジェクト的な民間案件（新規事業構築、事業再生、スモールM&A、システム開発など）です。

――顧問について伺います。引き合いがあったら、メンバーを紹介する形ですか。

青山：いえ、単純に顧問先をメンバーに紹介するのではなく、会社の方で契約し、企業の課題を抽出し、その上で最適なメンバーと一緒に取り組みます。４人いる役員が何らかの形で関与するようにしています。

――三田市には深く関与しているようですが、きっかけは。

青山：中小企業基盤整備機構の岩井智洋さん（著者注：78ページにも登場）から三田市商工会が開催する中小機構の会計セミナーの案件を紹介していただき、私が講師をしました。それが始まりです。

――そこから関係が深まっていったのですね。

青山：三田市商工会に「Corelab SANDA」という創業インキュベーション施設があり、そこの立ち上げ、企画・運営を依頼されました。現在は、Corelab SANDAに加えて、「創業塾」や「高校生向けのキャリア教育」の企画・運営を受託しています。他にも学生・中小企業・診断士が共同で新規事業開発に取り組むプロジェクトの運営をさせていただいています。2024年度は、三田市産業創造戦略見直し懇話会 学識者委員に選定されたり、三田市の産業政策のアドバイスをするなど、幅広く支援させていただいています。

――成果が出始めていますか。

青山：三田市内で創業相談を受けた中から実際に創業する人が、2023年は2017年比で5倍以上に増加しているようです。

――それは素晴らしい成果です。こうした成果を他の自治体にも広げていこうという考えですね。

青山：はい。川西市（兵庫県）でも、三田市で実施しているプロジェクトと同じ流れで、「商店街等の未来を考える」プロジェクトを始めました。ご興味のある自治体に広げていければと思っています。

――他に新しい動きでは。

青山：大阪万博の共創パートナーとして、2025年日本国際博覧会協会様と共催でイベントを開催させていただいたり、一部のパビリオンのコーディネートなどをしています。

――失敗事例とかはありますか。

青山：しょっちゅうありますよ。ついつい、クライアントには厳しいことを言ってしまい、逃げられることはあります。いつも反省しています。

――でも、それは成果を出すためには大切ですね。

青山：そうですね。言い方とか、言葉遣いとかもありますよね。あと、ストイックな姿勢を求めすぎてメンバーが「付いていけない」と離れてしまうこともあります。やはり皆さん副業で、志向の違いとかありますので。

――やはり苦労されているのは、内部的な調整ですか。

青山：そうですね。マンパワーの確保はいつも課題です。弊社は、案件に対してやりたい誰かを募集する「この指とまれ」というやり方はしません。その案件に最適なメンバーにお願いする形にしています。メンバーが何が得意で、どれくらいの力量があるかは、ある程度把握しています。そういう信頼できる仲間がいることが本当にありがたいです。

それでも家庭や昼間の本業の都合で活動に参加できなかったりとか、まあ色々あります。それも含めてマネジメントするからこそ、多様なメンバーが長く一緒にいてくれているのだと思います。

――メンバーは、企業内診断士に限定しているのですか。

青山：いえ、私がお会いした中で「これは」と思う人に声を掛けてきただけです。結果的に企業内診断士が多かったということで、たまたまです。今は、診断士でないメンバーもいます。

――売れていないプロコンから「仲間に入れてくれ」といった話もあるのでは。

青山：たまにあります。基本的には来るもの拒まずなので、弊社のミッションやコンセプトに合う方であれば良いですが、あまりそういう人はおらず、気がついたらいなくなっているケースが多いですね。独立されている方でシンパシーを感じる人はいますが、そういう人は忙しいことが多く、「いつか一緒にやろう！」と言いつつ、なかなか一緒に仕事をするには至っていません。
あと、コロナ禍の直後、補助金申請支援の案件が急増したタイミングがあり、力量を見極めずにとりあえず仕事を割り振ったことがありました。その結果、色々とトラブルもあり、結局コアメンバーで対応することになりました。これも失敗ですね。

――KIGの長期的な目標などはあるのですか。

青山：立ち上げの当初から個社支援の充実を目指しています。個社支援を起点に事業のレイヤー（層）を広げていきたいと思います。あと、ゆくゆくはファンド事業のようなこともやりたいです。

――企業内だと、メンバーの志向は様々だと思います。どういうタイプのメンバーが多いですか。

青山：志向は色々でしょうが、共通して言えるのは、皆さんピュアだということです。私がそうだからかと思いますが、不思議なもので、私の周りにいてくれる人は、ピュアな人が多いんですよ。類は友を呼ぶということでしょうか。
ピュアとは「これ面白そうだな」「腕を試したいな」「人を助けたいな」と純粋に考えているということです。

—— KIGの運営で心掛けていることは。

青山：ストイックさを大切にしています。クライアントに価値を提供するために、メンバーには厳しさを求めています。ついて来られない人は仕方ありません。

Knowledge Investment Group という名前にしたのは、立ち上げ当初は、我々は投資できるお金は無かったのですが、Knowledge（知恵）であれば投資できる、それを中小企業に投資しようと想い名付けました。企業内の方は Knowledge を十分に活用できていないケースも多いので、KIGが活用する舞台になればと思います。案件を受注する際には、「我々にとって面白そうか」と「社会的にインパクトがあるか」、という2点を大切にしています。

●診断士としての心構えと今後

—— 青山さん自身について伺います。青山さんがKIGに取り組むモチベーションは。

青山：クライアントから喜んでもらえるというのが、最大のモチベーションです。事業再生の案件でクライアントから「他のコンサルタントは会社が危なくなると逃げるが、青山さんはとことんお付き合いしていただける」と言われたことがあります。「コンサルタントをやっていて本当に良かった」と思います。本当に感謝されることが多いんですよ。やめられないですよね。あとは、メンバーが楽しそうに仕事をしているのを見ると、嬉しいです。

――本業を辞めればもっと手広く活動できるのでは。

青山：選択肢の1つであり、排除はしませんが、選ぶのはいつでもいいと思っています。（昼間の）会社の仕事は楽しいですし、会社には非常に良くしてもらっており、敢えて辞めるということは考えていません。また、私は1つのことをやるよりも、複数のことを同時にした方がうまくやれるので、1つに絞るということはしないと思います。

――話が少しそれますが、我々プロコンを見てどう思いますか。

青山：私はプロコンとか企業内とか、ほとんど意識しません。クライアントから見たらプロもアマもなく、報酬を得ている以上みんなプロ。どれだけバリューを出すか、というだけですから。

――まったくそのとおりですね。

青山：企業内診断士のグループを作って副業で受注しようという動きが全国にあるようですが、「我々は企業内だから」という甘えがあると、クライアントに失礼ですし、結果的に活動が長続きしないと思います。「この指とまれ」的な仕事の振り方は良くないと思っています。

仕事はやりたい人ができるというものでもなく、「得意な人でやりたい人」がやるべきですね。

――診断士という資格についてどう考えますか。青山さんにとって診断士とは。

青山：診断士を取っていなかったら、私は今のようになっていません。普通の会社員だったと思います。きっかけ、一歩踏み出す大きなきっかけです。取っただけでは何も始まりませんが、取らないと始まらないこともたくさんあります。

あとは、ネットワークです。診断士には一定のリテラシーがあり、真面目な人が多いので、「診断士を持っている」という安心感があります。以前に、診断士を持っていない人に仕事を依頼したことがあるのですが、会計数値のことなどの一般常識レベルのリテラシーがまったくなくて噛み合わず苦労しました。質の高いネットワークを形成できることが、診断士の大きなメリットです。

●企業内診断士へのアドバイス

青山：資格を取得したのに何もしないというのは、実にもったいないと思います。中小企業経営者は非常に孤独です。皆さんの支援を待っている経営者がたくさんいるはずです。儲かるかどうかは別にして、一歩踏み出すと見える世界が全然違ってきます。ワイワイ飲み会をするのもいいですが、まずは実務をやって欲しいと思います。実務の場が無いのであれば、弊社にお声がけください。一緒に面白いことをやりましょう！

――これから診断士を受けようか迷っている方にもアドバイスを。

青山：まず、診断士の受験勉強それ自体がビジネスパーソンとして必要なリテラシーを身につけるという点で価値があります。繰り返しですが、取ったら世界が変わります。受験すると決めたら、諦めずに頑張ってほしいですね。

――本日はありがとうございました。

＊＊

特殊事例と済ませるのはもったいない

青山雄一郎さんのインタビューを読んで、おそらくすべての方が「凄すぎる！」「企業内診断士でここまでやるって、ちょっとありえない」と思われたはずです。

インタビューをした私も、以前から青山さんの活躍を聞いていましたが、改めて「これは凄い！」と感嘆しました。ここまでしっかり活動して成果を実現しているというのは、企業内診断士はもちろん、プロコンでもごくわずかです。

第1章で紹介したとおり、企業内診断士の大多数は、資格取得が最終ゴール型です。コンサルティングなど副業をしているのは少数派で、さらにプロ顔負けの大活躍をしている青山さんは、明らかに特殊事例です。

ただ、「特殊事例だから」という一言で済ませるのは、あまりにももったいないと思います。なぜなら、青山さんの話には、コンサルタントとして活躍するためのエッセンスが詰まっており、プロアマを問わず大いに参考になるからです。

企業内診断士が副業で取り組む業務は、88～89ページで紹介したとおり多岐に渡ります。多くの企業内診断士は、最終的にコンサルティングをやりたいと希望していますが、なかなか叶いません。

企業内診断士と話をすると、「補助金申請業務とかをやるのがせいぜい。コンサルティング業務は、ハードルが高すぎる」「プロコンと張り合ってガチでコンサルティングをするって、現実的ではない」といった感想をよく聞かされます。

しかし、プロコンといっても、そんなに大した仕事をしているわけではありません。ちょっと経験が多いというだけで、圧倒的なスキルを持っているわけでもありません。企業内診断士でも、正しいアプローチ、正しいやり方をすれば、コンサルティング業務をすることはできます。

ここからは、青山さんと他の企業内診断士を比較しながら、企業内診断士がコンサルティング業務で活躍するためのポイントを紹介しましょう。

会社員という立場を表に出さない

企業内診断士がコンサルティング業務を行う上で最大の課題は、受注です。企業内診断士だけでなく、プロコンでも同じです。コンサルティングという目に見えないサービスを売るのは、容易なことではありません。

企業内診断士の方から、「成功者は、特別なコネを持っているんですか?」とか「プロコンはプロコン塾とかで顧客開拓の秘法を学んでいるんですか?」とよく聞かれます。そんなことはありません。

青山さんは、最初の仕事は兵庫県中小企業診断士協会を通して受注しました。第2章の高田直美さんと第3章の土屋俊博さんも同様です。私も22年前に独立開業して初めての仕事は、東京都中小企業診断士協会の先輩診断士から紹介された商店街診断でした。他のプロコンも、だいたいそんな感じです。

では、そこから経験を積んでコンサルティングをするに至った青山さんや高田さん・土屋さんと他の企業内診断士では、何が違うのでしょうか。

まず、大きく違うのは、勤務先のことを口に出すか出さないか、です。

初対面で挨拶をするとき、勤務先を名乗る企業内診断士がいます。とくに会社勤務が長いベテランだと、「中小企業診断士の大森です」ではなく、「〇〇電機の大森です」と名乗ります。

診断士の仲間うちで挨拶する分には、どういう風に名乗ろうが問題ありません。しかし、クライアントとの間では、勤務先を名乗るのは得策ではありません。とくに、診断士が大手企業（やそのグループ企業）に勤めている場合は禁句と言っても良いでしょう。

中小企業経営者にとって、大手企業は天敵です。大手企業に製品・サービスを納入している場合、口では「お客様あってのわが社です」とか言いますが、下請け叩きや不当な値引き要請に遭って、憎悪しています。大手金融機関には、資金繰りで生殺与奪の権を握られ、頭が上がりません。

大手企業と取引していない場合でも、中小企業経営者は大手企業の社員が嫌いです。中小企業経営者は、厳しい経営環境の中、会社を存続させるために日夜悪戦苦闘しています。懸命に働いても、年収1千万円に達するかどうかという薄給です。

一方、大手企業の社員は、定年まで雇用が守られています。30代半ばの平社員でも年収1千万円に達したりします。中小企業経営者は、企業内診断士に会えば、「立派な会社にお勤めで、診断士まで取られて、素晴らしいですね」と褒めてくれます。が、内心は「なんだコノヤロー」と思っています。

ましてやコンサルティングとなると、「生きるか死ぬかで戦っている我々が、どうして安全地帯に身を置いている大手企業社員のアドバイスを聞かなきゃいけないんだ」ということで、論外です。

もちろん、大手企業やその社員に対して敵愾心を持っていないフェアな中小企業経営者も世の中にはたくさんいます。ただ、気にしないというだけで、大手企業の社員であることがプラスに働くわけではありません。

こうしてみると、企業内診断士は、クライアント（候補）には進んで企業勤務していることを伝えない方が得策です。青山さんも、基本的には「ＫＩＧ」の名刺で挨拶し、必要に応じて企業内診断士であることを相手に伝えるようにしているそうです。

クライアントから見たらプロコンも企業内診断士もない

まず受注が最大の関門ですが、コンサルティングが始まってからも、安心できません。企業内診断士は、時間的な制約や本業との兼ね合いなどがあり、なかなか自由に活動することができません。

企業内診断士の渋川那津男さん（仮名）は、中堅メーカーX社から組織診断のコンサルティング案件を受注しました。

当初の計画では、平日夜と週末を使って実施する予定でした。ところが、社長との打ち合わせなどが入って、平日に休暇を取って対応することが徐々に増えてきました。

さらに、渋川さんの勤務先の業務が多忙になって残業が増え、コンサルティングに時間を割けなくなってきました。渋川さんが、X社とのアポをキャンセル・延期することが数回あり、関係が急速に悪化しました。

そして、コンサルティングが始まって2か月経ったところで、X社から渋川さんとの契約を解除する通告がありました。着手金をもらっておらず、渋川さんはほぼ無報酬でした。

渋川さんは、「当初の約束を守らないって、X社はまったくビジネスの基本ができていない。

だいたい、企業内診断士がプロコンと同じように平日の昼間に仕事をできるはずないじゃないですか。とわかっていて契約したはずなのに一方的に契約を解除するって、企業姿勢が根本的に間違っている」とX社を非難しています。

渋川さんのX社への非難はもっともです。渋川さんが正しく、X社が間違っています。ただ、結果として、このコンサルティングで渋川さんもX社も、まったく何も得るものがありませんでした。

プラスがなかっただけではありません。憤懣やるかたない渋川さんは、X社での顛末を知り合いの診断士に「まったく酷い会社だったよ」と伝えました。皆口々に「それは酷い」と同調してくれました。

ところが、陰では、渋川さんを「仕事ができないダメ診断士」「ワーワーうるさい、面倒くさいヤツ」と評し、距離を置くようになりました。それ以後、仲間うちから渋川さんへの案件の依頼は、なくなってしまいました。

渋川さんの失敗を見ると、コンサルティングでは、クライアントに対してだけでなく、自分自身が企業内診断士であることを意識しない方が良さそうです。

なぜなら、青山さんが言うように、「クライアントから見たらプロもアマもなく、報酬を得ている以上みんなプロ」だからです。

プロコン・企業内診断士を問わず大切なのは、経営改革をサポートするコンサルタントとして、クライアントの課題と真剣に向き合うことです。また、単独ではなくチームを組んで仕事をすることが多いので、チームのメンバーとも本音で向き合う必要があります。

青山さんは、クライアントには常に真剣勝負を要求し、「かなりキツイこと」も言っています。KIGのメンバーにも、厳しく仕事に取り組むことを要求しています。そのため、KIGから離れていくクライアントやメンバーもいます。

しかし、青山さんは、会社・組織を良くしたいと本気で願っているクライアントと心から信頼できるメンバーだけが残ってくれれば良い、というスタンスです。

もちろん、すべてがすべて青山さんの真似をしろということではありません。時間的な制約や本業との兼ね合いがある企業内診断士には、できることとできないことがあります。

渋川さんのようにできない仕事を引き受けて、オーバーフローし、すべてを台無しにしてはいけません。やれることとやれないことを冷静に見極めて、やれることに注力することも必要です。

繰り返しますが、クライアントにとって、コンサルタントはコンサルタント。診断士は診断士。プロコンも企業内診断士もありません。コンサルティングに限らず、診断士活動でクライアントと接する際には、企業内診断士という立場や会社の肩書を忘れる必要があります。

この章のタイトル「企業内診断士とプロコンの境界はあるのか」については、「境界はあってはならないし、現実になくなりつつある」と言えるでしょう。

何のための診断士活動か？

大活躍している企業内診断士にインタビューした第2章〜第4章の終わりに、「何のための診断士活動か？」という点について考えてみます。

プロコンに「あなたは何のために仕事をしているんですか？」と尋ねたら、どういう答えが返ってくるでしょうか。

おそらく「生活のためにやっている」と「コンサルティングという仕事が好きだから」という回答がトップ2でしょう。

では、企業内診断士に「あなたは何のために診断士活動をしているんですか？」と聞いたら、どういう答えが返ってくるでしょうか。

答えは人それぞれですが、かつて企業内診断士として活動した身として個人的に回答します。

1つは〈知的好奇心／覗き見趣味〉、もう1つは〈生きている証／自分探し〉です。

(1) 知的好奇心／覗き見趣味

診断士は、元々知的好奇心が強いという特徴があります。知的好奇心が強い人が診断士受験で知識の幅を広げ、診断士になって色々な業界の診断士と知り合うと、知的好奇心がさらに刺激されます。

そうしているうちに、「違った業界の現場を覗いてみたい」「診断士と経営者がどんな風に経営改革を進めているのか、ちょっと見てみたい」という覗き見趣味が頭をもたげてきます。

そして、診断士活動の機会があると、「せっかくのチャンスだから、ちょっと覗いてみよう」と首を突っ込みます。首を突っ込んだ診断士の多くが、その魅力にはまります。

(2) 生きている証／自分探し

自分のアイデンティティは、異質な人との交流によって確立されます。ずっと日本に住んで日本人とだけ接している人は「私は日本人だ」と意識しませんが、アメリカに移住してアメリカ人と接すると、いやでも日本人という自分のアイデンティティを意識します。

企業内診断士の多くは、かなり順調に人生を歩んできた人たちです。子供の頃から優秀で、難関とされる大学に入り、親が望む有名企業や公的機関に入り、そこで順調に出世し、診断士を受けたら合格し……。自分という存在に何の疑問も持ちません。

ただ、順調にレールに乗って10年・20年と走っているうち、（全員ではありませんが）ふと「俺はこのままレールの上に乗っているだけで良いのだろうか」「自分は、いったい何なのだろうか」という疑念が頭をもたげてきます。

ここで、診断士活動に参加すると、中小企業経営者・公的支援機関の担当者・他業界の診断士といった自分とは異質な人と交わります。すると、自分について考えるようになり、だんだん「自分はいったい何なのか」という輪郭が掴めてきます。

今まで知らなかった自分のアイデンティティが分かってくると、「もっと自分のことを知りたい」と考えるようになり、さらなる異質な人を求めて、診断士活動にのめり込んでいくのです。とかなり思い込みで書きましたが、案外当たっているのではないかと思います。

第5章

プロコンになるための準備

プロコンとして独立開業を目指す企業内診断士が増えています。この章ではプロコンとして成功するための事前準備を解説します。

01 プロコンという挑戦

独立開業希望者が増殖中

この章では、プロコンを目指す企業内診断士や定年退職が迫ったビジネスパーソンに、プロコンになるための事前準備のアドバイスをお伝えします。

最近、プロコン独立開業への関心が高まっています。プロコンとして活動することを目指して資格受験に挑む若手が増えているようです。

企業内診断士でも、定年退職を待って始めるというケースはもちろん、30代・40代の現役世代でも挑戦するケースが増えています。

「この不透明な時代に独立開業する人が増えているって、本当?」と思われるかもしれませんが、嘘ではありません。全国各地で企業内診断士向けに独立開業セミナーが開催されており、どこも満員大盛況です。

私は中小企業大学校・中小企業診断士養成課程で受講者に「人生相談があったら無料でお受け

します」とお伝えしています。そのため、毎年数多くの卒業生から独立開業の相談をいただきます。

つい5年くらい前まで、独立開業の相談を受けたら、「悪いことは言わない、やめておいた方がいい」と伝えていました。第1章で確認したとおりプロコンの成功確率が低いことと「どうしてもやりたいんです！」と私の反対を振り切るくらいのガッツがないと成功しない、と思っていたからです。

しかし、最近は「2年くらい無収入でも食べていける蓄えがあり、ダメだったら再就職できる自信があるなら、やってみるのもアリ」と言うようにしています。近年、プロコンの成功確率が上がっていることと大した決意を持たずにフラッと始めて案外うまく行っている人を見かけるようになったからです。

以下は、そうしたプロコン志望者からの相談に対する私なりのアドバイスです。

02 プロコンになって何をしたいか

相談を受けたら最初に確認しているのは、「何のために独立開業するのか?」「どうしてプロコンになりたいのか?」という目的・動機です。

目的・動機によって活動スタイルや事前準備などが大きく違ってくるからです。

プロコンになる目的・動機には、以下のようなものがあります。

① 自分の専門能力を活かしたい
② 中小企業や地域の発展に貢献したい
③ 大好きなコンサルティングを目いっぱいやりたい
④ 大儲けしたい
⑤ 実家に戻って地域密着でマイペースに暮らしたい
⑥ 今の会社で働くのが嫌になった

一般論としては、どの目的・動機が良い悪いということはありません。ただ、私が真剣に相談に乗るのは①と②の人だけで、③④⑤⑥の人とは、まともに取り合いません。

③「プロコンは顧客開拓がたいへん。目いっぱいコンサルティングをしたいなら、コンサルティング会社に転職する方が良いでしょ」

④「結果的に大儲けしているプロコンもいるけど、成功確率は低い。今の会社で出世できるよう頑張るか、高給の会社に転職するか、株式投資をするべきでは」

⑤「地方では企業が少なく、十分な収入を確保するのは難しい。のんびり貧乏生活で良いというならともかく、まともな生活をしたいなら、定年退職まで待つか、都市部で独立開業することを考えるべき」

⑥「どうして今の会社生活よりプロコン生活の方が楽しいと言えるんですか。プロコンよりもまず転職を検討するべき」

結果として③④⑤⑥の人は、私のコメントを聞いて、たいてい独立開業を思いとどまります。こうした人たちが成功する確率は低いので、思いとどまるのは賢明な判断でしょう。以下、①②の人たちを想定したアドバイスです。

03 独立開業するタイミング

独立開業するならできるだけ早く

プロコン志望者からよく聞かれるのが、独立開業のタイミングです。タイミングといっても「いま独立開業するのは遅すぎるか？」という質問はほとんどなく、大半が「もう少し待つべきか？」という質問です。


〈20代・30代前半の若手〉

「自分の父親のような年齢の経営者と渡り合う自信がない。もう少し経験を積んでからにした方が良いか？」

〈30代後半・40代のミドル層〉

「家のローンと子供の学費で余裕がない。余裕ができるまで待つべきか？」

〈50代以降のシニア層〉

「あと2年したら退職金が満額出るので、それまで待った方が良いか？」

これに対し、私は「やると決めたなら、できるだけ早く」とアドバイスしています。

なぜ早く独立開業した方が良いのでしょうか。

若手については、会社の仕事とプロコンの仕事は大きく違うので、会社内でどこまで経験を積んでもプロコンとしてやっていく自信がつくことはありません。「経験を積んでから」と言っている企業内診断士は、たいていいつまで経っても独立開業しません。

たしかに、20代・30代前半の若いプロコンが経営者と渡り合うのは難しいでしょう。しかし、プロコンは経営者だけを相手にするわけではなく、色んな部署の担当者にもサービスを提供します。

逆に近年は、ＡＩ・メタバース・暗号資産といったむしろ若い人に優位性がある業務が増えています。若手でもそんなに成功確率が低いわけではありません。

しかも若手が有利なのは、やってみてダメだったとしても、簡単に再就職できるということです。やり直しが利く若手は、「経験を積んでから」と言わず、早めに独立開業してコンサルタントの経験を積むのが得策でしょう。

50代以降は年齢とともに成功確率が下がる

一方、悩ましいのがミドル層とシニア層です。身軽な若手と違って、ミドル層・シニア層は住宅ローン・子供の教育・親の介護といった重荷を抱えていることが多く、独立開業の是非やタイミングを慎重に検討する必要があります。

とはいえ、コンサルタントとして成功したいなら「できるだけ早く」という原則に変わりはありません。とくにシニア層は、年齢が増すとともに、成功確率がどんどん低下していくからです。

50代のシニア層の心理は「出世競争は終わったし、定年も近づいてきた。住宅ローンの返済もめどがたったから、長い老後を見据えて無理のない範囲でコンサルタントとして活動をしてみようかな……」というところでしょう。

退職金・年金で生活のベースを確保し、長年培った経験・知識・人脈を活かして活動し、企業・社会の発展に貢献し、後輩の企業人からも尊敬・感謝される……と書くと「夢の老後」「言うことない第二の人生」に見えます。

ただ、そう考えているのは、あなただけではありません。他のシニア層も同じようなことを考えており、独立開業に向けて動き始めます。

そのため、55歳を超えるあたりから独立開業希望者が急激に増えてきます。同世代の企業内診断士が続々と独立開業し、周りはライバルだらけ。大勢のライバルがひしめく中でブランドを確立し、成功するのは、容易ではありません。

シニア診断士の厳しいリアル

ここで、60歳・65歳といった定年退職を機にコンサルタントを始めるシニア診断士の厳しい実態をお伝えしましょう。

シニア診断士でも、定年退職した直後はかなり活発に活動するケースがあります。現役時代に培ったネットワークを頼って、多くの仕事を受注することができます。

ところが、2〜3年もすると関係が薄れて仕事が減っていき、70歳を超えるとほぼ仕事がなくなり、開店休業状態になります。シニア診断士の大半が、年間収入が200万円に満たないと思われます。

これは、加齢による体力・気力・知力の低下という問題もありますが、クライアントがシニア診断士を敬遠するという点が大きいからです。

クライアントの中小企業経営者の多くは、自宅など自分の財産を銀行借入金の担保に入れて、まさに人生を賭けて経営しています。セミリタイアし、安全な場所に身を置いているシニア診断士から「リスクを取って攻めろ！」「死ぬ気で頑張れ！」とアドバイスされても、経営者の心には響きません。

また一般にコンサルティングは、その場限りの単発のアドバイスではありません。クライアントは、信頼できるコンサルタントとは長期的な関係を築きたいと考えます。年齢的にいつ店じまいするかわからないシニア診断士はクライアントにとって不安です。

よくシニア診断士は「別に成功して大儲けしたいわけじゃない。会社勤務で培ったスキル・経験を活かして中小企業や地域に貢献したいだけだ。ほどほどに仕事ができればいい」と言います。しかし、この考え方はいかがなものでしょうか。

真剣勝負の企業経営の世界に、「ほどほどに仕事をしたい（＝楽をしたい）」というシニア診断士が入り込む余地はほぼありません。現役時代並みにバリバリと働くか、仕事とは距離を置くか、どちらかで、自分が望むだけほどほどに仕事したいというのは、かなり身勝手な考え方です。

もちろん、例外的にしっかり活動しているシニアもいます。瀬戸正人さんは、大手電機メーカーを58歳で退職し、プロコンのスタートを切り、74歳になった今も南関東各県の公的支援で大活躍しています。瀬戸さんは、クライアントに常にベストのサービスを提供できるよう、現役時代よりもずっとたくさん勉強しているそうです。

つまり、定年退職後でも、定年前でも、独立開業には相当な覚悟が必要ということなのです。

フライング営業は是か非か

　ここで、定年退職後のジリ貧を避けたいシニア層からよく質問をされるのが、「フライング営業」についてです。フライング営業というのは私の造語で、会社を退職する前にクライアントを確保しておこうと営業することです。

　シニア診断士だけでなく、営業職などをしている若手の企業内診断士からも、「取引先に唾をつけておいて独立開業するつもりです」と言われることがあります。

　ここで、私は、「コンサルタントとして成功したいなら、フライング営業は止めておいた方が良い」とアドバイスしています。

　なぜフライング営業はいけないのでしょうか。

　まず、フライング営業でめでたく退職前にクライアントを確保したとしても、気休め程度にしかなりません。

　まだ何の実績もない〝未来のコンサルタント〟と契約してくれるのは、コンサルタントとしての実力を買ってというより、「義理と人情で仕方なく」というところでしょう。そういうクライアントは、コンサルタントが退職して義理がなくなると、たいていさっさと契約を解除してしまいます。

次に、元勤務先との関係が悪化することも、長い目で見てマイナスです。

会社勤務が長いシニア診断士にとっては、元勤務先が有力な受注チャネルです。ただ、独立開業後も元勤務先から声をかけてもらえるのは、会社勤務時代に良い仕事をして信頼され、退職後も良好な関係を維持している場合です。

ここで、会社勤務しながらフライング営業や副業でコンサルティング活動に精を出していると、どうしても社業がおろそかになり、「いい加減な仕事をするやつ」というイメージが定着し、信頼してもらえません。

また、獲得したクライアントから「仕方なく契約を結ばされた」という話が元勤務先に届くことがあります。こういうことがあると、元勤務先との関係は決定的に悪化してしまいます。

●真の営業力が身につかない

それよりも指摘しておきたいフライング営業の最大の問題は、プロコンとして成功するために必要な真の営業力が身につかないことです。

ラーメン店を開業したら、物珍しさで利用してくれるお客さんがいるでしょう。たまたま昼どきに通りかかってふらっと入ってくれるお客さんもいるでしょう。そこから先、人気店になるかどうかは別にして、開店とともにある程度の売上があります。

ところが、コンサルタントの場合、たまたま誰かがお客さんになってくれるということはありません。街を歩く通行人から「ああ、新しい店ができたな」と認識してもらえるラーメン屋と違って、コンサルタントの場合、そもそもあなたが独立開業したことなど世間の人は誰も知らないのです。

コンサルティングという目に見えないサービスを売るには、以下の5つのプロセスを実践する必要があります。

① 自分の提供価値・専門性を明らかにする
② それを必要とするクライアント候補を探す
③ クライアント候補にアプローチして関係を構築する
④ クライアントの問題を分析する
⑤ 適時適切に提案する

この5つをしっかり実行するのがプロコンに必要な営業力であり、成功のために最も必要なことです。

ここで、親戚・友人・同窓生・元取引先といったコネや義理・人情に頼って「簡単に注文をもらえそうなところから受注する（＝取れるところから取る）」ことを繰り返していると、受注のための苦労を経験しないので、いつまで経っても営業力が身につきません。

第1章で紹介したとおり、独立開業して収入ゼロになるというのは、たしかに不安、というより恐怖です。独立開業の経験者としてフライング営業をしたいという気持ちは痛いほどわかります。

しかし、プロコンとして成功したいなら、ここはじっと我慢で、フライング営業は控えた方が良いでしょう。もちろん、親類や友人の側から「ぜひ相談したい」と頼まれたなら、断る理由はありません。

なお、以上は「プロコンとして成功したい！」という人向けの話になります。「年金の受給が始まるまで数年間お小遣い稼ぎをしたい」ということなら、逆に積極的にフライング営業をするべきです。ただし、大切な人間関係を悪化させないように、くれぐれも注意してください。

04 事前準備はC型とD型で大違い

C型は何より実績づくり

では、プロコン志望の企業内診断士は、どういう事前準備をすれば良いのでしょうか。

第1章で紹介したC型とD型で、事前準備の仕方は大きく異なります。

まず、C型です。コネで受注するC型にとって何より大切なのは、コネを作り、太く強くすることです。とりわけ大切なのが、公的支援機関との関係づくりです。

公的支援機関の大きな特徴として、「実績重視」があります。国のお金を使う公的支援機関は、中小企業支援で大きな失敗が許されません。そのため、外部の専門家を起用する際、過去の実績を見て失敗がなさそうな人を選びます。

「新しく専門家登録した若手の桑田先生はスキルが高くて優秀そうだな。でも、やはり無難にベテランの清原先生にお願いしよう」という具合です。実績のある専門家、とくに長年、その公的支援機関と関係しているベテランのプロコンに案件が集中します。

つまり、実績を作った一握りの診断士にはどんどん案件の依頼が来て人気者になる一方、多くの診断士が公的支援機関に登録したものの稼働ゼロという状態になります。ニワトリか卵かの状態です。

C型で活躍するには、副業で公的支援に従事し、実績を作ることが有効です。企業内診断士にとっては、中小企業診断士協会の研究会や受注グループに参加するのが近道でしょう。

ここで「プロコンでも受注では苦しんでいるのに、企業内診断士が入り込む余地はあるの？」と思われるかもしれません。しかし、第2・3・4章で紹介した3人から明らかなように、まったくそんなことはありません。

公的支援施策が増加する一方、とくに地方ではプロコンが少なく、現場は深刻な人手不足に陥っています。多くの公的支援機関は、円滑に中小企業支援を進めるために、企業内診断士も起用したいと考えるようになっています。

ＡＩなど最近の技術の変化も影響しています。かつて中小企業支援では、色々な中小企業の色々な課題に対応できるよう、「(浅くても良いから) 広い知識」と「豊富なビジネス経験」を持つベテランのプロコンが求められました。

しかし、近年は高度化・複雑化するニーズに対応するため、特定の分野に高いスキルを持つ人材が求められるようになっています。

このように、企業内診断士が実務経験を積んで、公的支援機関との関係を深め、C型として活動するための事前準備をするのが、非常にやりやすくなっています。

もちろん、中小企業診断士協会に入会したら即座に公的支援の実務従事の機会にありつけるというわけではありません。研究会に入り、組織運営に協力し、自分の専門性や人間性を知ってもらう必要があります。

D型を目指すならジタバタするのは逆効果

D型のプロコンを目指す場合はどうでしょうか。

D型でも、フライング営業はやはりご法度です。また、C型と違って公的支援機関との関係を深めても商売上のメリットはありません。

副業は、「良い経験になる」と肯定的に捉える向きもあるようですが、私は否定的です。

ビジネスの世界は意外と狭く、知り合いの知り合いの知り合いと3回くらいたどると、日本のビジネスパーソンの大半と繋がります。ここで、会社勤務時代からフライング営業や副業に精を出していると、「会社の業務に集中していない、いい加減な人」という悪評が広がります。これは、プロコンとして独立開業してから不利に働きます。

ということで、D型で成功したいなら、ジタバタするのは逆効果です。「何かしなければ」と焦る気持ちはわかりますが、しっかり会社の業務に取り組むべきでしょう。

後で紹介するとおり、プロコンの成功には色々なパターンがあります（155～157ページ参照）。ただ、元々何かの分野で超有名だったという人を除いて、退職前からジタバタと活動して成功したというプロコンは皆無です。

私は、2002年7月1日に独立開業する前、有給休暇を取得せず、6月末まで会社で普通に働きました。当時はそういう風潮だっただけですが、「立つ鳥跡を濁さず」で最後まで業務に取り組んだことで、元勤務先の方から信頼してもらえて、独立開業後は「日沖を助けてやろうか」ということで、色々な仕事を紹介してもらえました。

D型は専門性を磨くことに専念せよ

では、D型を目指す企業内診断士は何もしなくて良いのでしょうか。そうではありません。専門性を徹底的に高めておく必要があります。

D型のクライアントである大企業には、社内に優秀な人材がたくさんいます。よく「大企業の社員なんて、下請け業者に仕事をさせているだけで、大した専門性はない」と言う人がいますが、そんなことはありません。第3章で紹介した土屋俊博さんのように、本当に実践的な専門家は、大学や研究機関ではなく、大企業にいます。

大企業がプロコンに仕事を依頼するのは、自社内にいる専門家では解決できない問題があり、社外の専門家にアドバイスしてもらおうということです。つまり、D型のプロコンには、社内の専門家や外部の専門家を上回る専門性が期待されるのです。

と私がプロコン養成塾などで企業内診断士に向かって話すと、たいてい「いやぁ日沖さん、私は10年間営業をしていただけで、そんなに大した専門性はありませんよ」という反応が返ってきます。

しかし、これは非常に残念な捉え方です。

10年間も営業をやっていれば、立派な営業の専門家です。「2015年から10年間、九州で自動車部品の営業をしている」というのは、世界の中であなただけしか経験していないことで、大きな価値があります。

企業内診断士は、日々、会社の業務をこなすうちに、オンリーワンの経験を積み重ねています。

経験を相対化・抽象化する

問題は、大半の企業内診断士が自身の経験の価値を認識できていないということです。「営業しました」「経理やっています」というだけで、他人、とくにコンサルティングの見込みクライアントから見てどういう価値があるのか、明確ではありません。

ここで大切なのは、自分自身の経験を相対化・抽象化することです。

相対化・抽象化とは、営業の場合、他業界・他社の営業担当者・他地域の事例と比較することによって、「効果的な営業プロセスとは?」「顧客満足の本質とは?」「顧客データ管理のポイントとは?」といった抽象的な問いかけに答えられる状態にすることです。

ただ経験するだけでなく、それを相対化・抽象化すると、その分野での専門家になり、コンサルティングで色々な会社の色々な課題に対して有効なアドバイスをできるようになります。

この相対化・抽象化という思考作業を大きく前進させてくれるのが、中小企業診断士協会などの研究会です。

企業内診断士が同じ職場で同じ業務をしていると、自分の経験の価値がなかなかわかりません。ところが、研究会で他業界のことを知り、自分の経験を整理して発表し、色々な角度からフィードバックを受けると、経験を相対化・抽象化することができます。第4章で紹介したアイデンティティの確立と同じ理屈です（124～125ページ参照）。

ここまでが、D型のプロコンを目指す企業内診断士に是非とも取り組んでいただきたいマストです。これに加えて、可能なら取り組んで欲しいことが3つあります。

(1) 学会に参加する

1つ目は学会活動です。

相対化・抽象化のために企業内診断士に是非取り組んで欲しいのが、学会活動です。会社での実務が「実践」だとしたら、学会活動は「理論」です。

心理学者クルト・レヴィンは「良い理論ほど実践的なものはない」と言いました。理論と実践は対極にあると思われがちですが、そうではありません。真に実践的な人は理論を知っており、理論で本質がわかっている人は実践的だというのです。

学会で色々な最先端の研究に触れることで、視野を広げることができます。さらに学会発表をすると、自分の思考を抽象化し、深く経営の本質（理論）を知ることができます。より深い相対化・抽象化ができるわけです。

以前は、経営学系でも学術研究者に会員を限定する学会が多かったようですが、このところ実務家の参加を歓迎する学会が増えています。とくに日本経営診断学会は、経営診断・コンサルティングを研究する学会で、診断士の会員が多く、お勧めです。私も参加しています。

(2) セミナー企画

2つ目に、セミナー企画です。

D型のプロコンにとって、セミナーは重要な集客チャネルです（11～12ページ参照）。実際に、タイプの異なる5つ以上のセミナーを持っているプロコンは、かなり高い確率で準成功していま す。

自分の専門性に自信が持てる状態になったら、独立開業後に実施するセミナーを企画してください。実際にセミナーを実施する場面を想定し、「テーマ」「対象者」「企画要旨」「項目」などをまとめます。

企画するだけでなく、できれば資料を作り、実際にセミナーをやってみてください。中小企業診断士協会の研究会のような場でも良いですし、自分でウェビナーを開催することでも良いでしょう。

自分でウェビナーを開催する場合、有料でやってください。タダだと、簡単に集客できますし、かなりお粗末な内容でも参加者は「まあタダだしな」と文句を言いません。せっかくやっても、あまり学びはありません。

一方、千円でも受講料を取ると、途端に集客が悪くなります。少しでも悪い内容だとブーイングが出ます。どうしたら集客できるのか、どこを修正したら満足してもらえるのか、とあれこれ考えることで、さらにレベルアップすることができます。

(3) ビジネス書出版

3つ目に取り組みたいのが、ビジネス書出版です。

大企業の担当者がコンサルタントなど外部の専門家をサーチするとき、ビジネス書を検索します。第三者から紹介を受けたという場合でも、そのコンサルタントがビジネス書を出しているかどうか、必ずチェックします。D型で成功するには、ビジネス書出版がカギになります。

ビジネス書というと、「大成功したコンサルタントが人生のまとめに書くもの」と考えている人がいますが、そんなことはありません。以前と比べて出版のハードルは格段に下がっており、若い書き手が増えています。出版社は、出版点数を確保する必要があり、新しい書き手を探しているからです。

原稿を書くことから始める文芸書と違って、ビジネス書では、まず企画書を作り、出版社に提案し、承認されたら執筆を始めます。

出版のハードルが下がっているとはいえ、簡単に企画が通るわけではありません。企画を通すためのポイントは、以下の3点です。

① 読者が読みたいと思う企画を作る

② テーマに合った適切な出版社を選ぶ

③　出版社に適切にアプローチする

と私が企業内診断士に伝えると、たいてい「(ビジネス書出版は) 実際にプロコンになって経験を積んでから考えます」と言います。気持ちはわかりますが、私が知る限り、そういう人はなかなか出版が実現しません。

独立開業した直後は生きていくために必死で、ビジネス書出版どころではありません。1~2年もがいて何とか生活できるようになると、最悪期を脱したことに安堵し、当初の大きな志を忘れてしまいます (21~22ページ参照)。ビジネス書を出して「その道のプロになるぞ!」という志もとっくにどこかに忘れてしまいます。

私は独立開業の前にビジネス書を3冊、翻訳書を1冊出版しました。「企業内診断士には無理でしょ」と思わず、ぜひ挑戦して欲しいものです。

この項の詳細は、拙著『タイプ別 中小企業診断士のリアル』を参照してください。

05 事業仮説を構想する

事前の収支計画づくりは無意味

ところで、C型・D型ともに事前準備でよく問題になるのが、事業計画です。

あらゆる事業をする上で大切なのが、計画作りです。私も、日ごろクライアントに「PDCAがビジネスの基本。しっかり事業計画を作りましょう！」と言っています。

その手前、非常に言いにくいことですが、ことプロコンのビジネスでは、事業計画を作ってもそのとおりにはなりません。作るだけ時間の無駄です。

どんなビジネスでも事前に見通しを立てるのは難しいですが、とりわけ難しいのが受注（収入）の予想です。プロコンの場合、他のビジネスと比べて受注予想の難易度が格段に高いのです。

たとえば、ラーメン屋の場合、「昼どきに客入りが多いと思っていたらやや少ない」「家族連れはいないと思ったら、チラホラいる」といった程度の事前予想とのズレでしょう。

それに対し、見えないサービスを売るコンサルタントの場合、まったくの見当違いの連続です。

「これだ！」とターゲットを絞って提案しても門前払いで追い返されることもあれば、まったく想定していなかった業種の企業から引き合いが来たりします。

結果としてどういう顧客を獲得し、どれだけ収入を上げられるかは、まったく予想困難です。という先輩プロコンの現実を独立開業前に見ていたので、私は売上の計画を作りませんでした。

一方、事務所の家賃などコストがどれくらいかかるかは、ある程度正確に見積もることができます。これは私もやりました。

そのため、企業内診断士がまじめに収入と支出を見積もって収支計画を作ると、「どうやら黒字化しそうにないな。やはり独立開業は止めておこう」という結論になります。たいていの賢明な企業内診断士は、こうして独立開業を思いとどまります。

つまり、実際に独立開業するのは、困難な収支予想を目にして清水の舞台から飛び降りるという一大決心をするか、あまり真剣に検討せず、弾み・成り行きなど軽い気持ちでやってみるか、のどちらかです。ちなみに私は後者でした。いずれにせよ、プロコン独立開業は、非合理的な意思決定と言えます。

事業仮説を明確にすると、間違いも明確になる

では、独立開業は非合理的な意思決定なので、まったく何も考えなくて良いのでしょうか。そ

うでもありません。先ほど述べた独立開業の目標（目的・動機を含めて）を明確にします。ただし、その目標が独りよがりなものではいけません。事業が成立するには、市場にニーズがあり、自分がそのニーズを満たせる必要があります。

そこで、目標を定める前に、「ニーズが本当にあるのか？」「自分がそのニーズを効果的に満たせるのか？」という2つの問いについて熟慮し、それを事業仮説にまとめます。

事業仮説とは、「○○という事業が成り立つのではないか？」という仮説です。仮説とは暫定のアイデアです。事業が成り立つかもしれないし、成り立たないかもしれません。

事業仮説について、私が独立開業した時のことを紹介しましょう。

私は、石油会社に勤務し、ガソリンスタンドを運営する特約店（中小企業）が勘と経験に頼った経営で、行き詰まっているのを目の当たりにしました。一方、経営管理を高度化したいと考える意欲的な経営者にも出会いました。

また、私は経営企画部門での経験やＭＢＡ留学によって高度な経営管理技法を習得していると自己認識していました。

さらに、（当時は）大半のプロコンは年金診断士で勘と経験に頼ったコンサルティングをしていること、コンサルティングファームはそもそも中小企業を相手にしていないことから、私にとってライバルは存在しないと判断しました。

これらから、私は次のような事業仮説と目標を立てました。

(1)　事業仮説

中小企業には、勘と経験から脱し、高度な経営管理技法を使って経営改革したいというニーズがこれから大きくなる（だろう）。私は、経営管理の知識・スキルを駆使して、このニーズを誰よりも効果的に満たすことができる（だろう）。

(2)　目標

中小企業の「理論と実践の融合」を支援するオンリーワンのコンサルタントになる。

私の事業仮説はまったく間違っていた

では、私の「事業仮説」は正しかったでしょうか。「目標」を達成できたでしょうか。

結論的には、私の「事業仮説」はまったく間違っており、「目標」を達成できませんでした。

私は独立開業後、まずそれまで知り合った中小企業数社に連絡し、御用聞きをしました。残念ながら「コンサルタントに用はない」という門前払いばかりでした。親密だった人からは「相談したいことがあったら必ず連絡します」と言われましたが、実際に連絡をいただくことはありませんでした。

そこで、伝手を頼って数十社にアプローチし、「理論と実践の融合」に基づく経営改革を提案しました。

しかし、話を聞いてもらっても、「理屈っぽい話は良いから、補助金・融資の取り方を教えてくれ」「理論とかのんびりお勉強していたら、わが社のような中小企業は潰れちゃうよ」といった反応が大半でした。

数十社に提案して辛うじてお仕事に結びついたのは、ドラッグストアのK社や住宅建築のN社でした。両社とも、区分としては中小企業ですが、従業員数は百人以上・売上は数十億円。事業は順調に伸びており、さらに飛躍しようという会社でした。

勘と経験から脱したいというニーズは、そろそろ大企業に手が届こうかという順調に発展している中堅企業にはあるものの、経営に行き詰まっている中小企業にはなかったのです。

私は独立開業前に事業仮説を考えた際、「競争のない未開拓の市場（いわゆるブルーオーシャン）を見つけたぞ！」と有頂天になっていましたが、単なる勘違いでした。

一貫型とチェンジ型

と、ここまで私の経験を見て、どう思いましたか？

「収支予想だけでなく、目標も事業仮説も、考えるだけ無駄だったというわけですね」「結局、独立開業はやってみなきゃわからないってことですか？」と思われたかもしれません。

しかし、そうではなく、事前に目標と事業仮説を考えることは非常に大切だ、と私は思います。

プロコンの成功者には、「一貫型」と「チェンジ型」があります。

> 一貫型　…　独立開業する以前から特定の分野の専門家として実績を上げ、その専門性を生かして活動するプロコン
> チェンジ型　…　会社勤務時代と違った分野で活動するプロコン

成功者というと一般に思い起こすのは、一貫型でしょう。たとえば、キヤノンの特許部門でエースとして活躍した小西雄一郎さんが、定年退職後も「特許のプロ」として中小企業支援で長く活躍しているのは、わかりやすい例です。

企業勤務時代に近い収入を獲得する〝準成功〟の確率が高いのは、断然、小西さんのような一貫型です。

ただし、会社勤務時代の1・5倍以上の収入を獲得する〝成功〟の確率は、一貫型もチェンジ型も大差ありません（あくまでも私の印象ですが）。

さらにその上の〝大成功〟の確率は、チェンジ型の方が高い印象です。というより、チェンジ

型の大成功者はたまにいますが、一貫型の大成功者はほぼ見当たりません。

内藤博さんは、モーターマガジン社に27年間勤務し、取締役まで務めたのち退職しました。最初は、東京都などの公的支援に従事しましたが、その過程で事業承継の重要性を認識し、事業承継の支援に活動領域をチェンジし大成功を収めました。

釜剛史さんは、富士フイルム・トヨタで商品開発の専門家として活動し、２０２１年に独立開業しました。最初の2年間はあいち産業振興機構で公的支援に従事し、現在は大手企業へのマネジメント研修の講師などで活躍しています。

私も、中小企業には「理論と実践の融合」というニーズはほとんどないと知ると、2年目から大手企業のコンサルティング・研修に活動領域をチェンジしました。

明確に事業仮説を立てると、間違いも明確になる

どんなプロコンでも独立開業した直後は、声がかかったら、どんな業務でも引き受けます。生きていくためには、この仕事は嫌いだとか、単価が安すぎるとか、言っていられません。安くて、つまらない仕事をし、迷走します。

ここでチェンジ型は、迷走の末、「これだ！」という仕事を見つけ出します。「天職」と呼ぶことにしましょう。

独立開業して1年で天職に巡り合うプロコンもいれば、5年・10年かかるプロコンもいます。現実には、何年経っても天職に巡り合うことができず、本当はやりたくない仕事、しかも単価の安い仕事を生活のために続けているという貧乏プロコンが大半です。

天職に巡り合うプロコンと巡り合えないプロコンの違いは何でしょうか。もちろん、運も大いに関係しますが、カギを握るのは仮説検証です。

ビジネスでは、PDCA（Plan→Do→Check→Act）で仮説を検証し、軌道修正することが大切です。

ここで、実行（Do）前にしっかり仮説を考えておくと、なぜ、どのように仮説が外れて、どういう軌道修正（Check→Act）が必要なのか、明確になります。

逆に、仮説を作らなかったり、ぼんやりした仮説しか作らないと、何がどう間違えたのかわからず、軌道修正がうまくできません。

たとえば、ある会社で若手の離職率が上がっているとします。離職率の経年データをじーっと眺めているだけでは、問題と原因はなかなかわかりません。

ここで「職場が人手不足が深刻化し業務負荷が増える一方、働かない高齢者を優遇する伝統的な人事制度に不満を持つ若手が離職している」と仮説を作り、仮説に基づいて人事制度を調べ、若手にヒアリングしたらどうでしょう。

もし仮説が当たっていたらそれでよし、原因に応じた対応策を進めます。間違っていたら、もう1度別の仮説を作って、検証し直します。

繰り返しますが、プロコンとして独立開業した後は、想定外の連続です。とくに受注については、事前の想定はほぼ外れます。事前に事業仮説を作るのは、予想を当てるためではなく、適切な軌道修正をするために必要だからです。

私の場合、中小企業の「理論と実践の融合」というニーズがあるという明確な事業仮説を作っていたので、すぐに「こりゃだめだ」と誤りに気づきました。そして、ニーズがありそうな重厚長大型の大企業の管理部門にターゲットを切り替えました。

もし私が明確な事業仮説を持っていなかったら、「何だかおかしいなぁ」と思いながら当てのない試行錯誤を延々と続けていたかもしれません。

成功に近づくには、当てのない試行錯誤ではなく、的を絞った試行錯誤をする必要があります。そのためには、独立開業前に事業仮説を作るべきなのです。

06 プロコンに挑戦して欲しい

蓄えと再就職

ここまで、プロコンの業務に必要な知識・スキルを中心に事前準備について検討してきましたが、最後に生活面で2点お話しします。

1つは、生活資金の蓄えです。プロコンは、他のビジネスと違って大きな事業資金は必要ありません。ただ、人気に左右される商売なので、人気が出て引き合いが増えてきて、ビジネスが軌道に乗るまでの間は、低収入・無収入が続きます。

ビジネスが軌道に乗るまでの期間は人それぞれですが、フライング営業をしていない場合、早くて半年、普通に1年以上、長ければ2年以上かかります。

ここで生活資金の蓄えが十分にないと、焦って「金になるなら何でも」と来た仕事を手当たり次第に受けることになり、いつまで経っても「何でも屋」のままです。補助金の不正受給に加担するなど、犯罪に手を染めるプロコンも珍しくありません。という状態にならないためには、2

年間くらい無収入でも食べていける蓄えが欲しいところです。

もう1つは、やってみてダメだった場合への備えです。退職前後にプロコンを始めるという場合はともかく、50歳未満の場合、ダメだった場合のことを想定しておく必要があります。ダメだったら会社員に戻るというケースが多いので、再就職できるかどうかを確認します。転職エージェントに登録して、自分の市場価値を評価してもらうと良いでしょう。

●プロコンに挑戦してほしい

この章の終わりに、プロコンに興味を持った企業内診断士や受験者の皆さんに、「ぜひプロコンに挑戦してください！」というエールを送ります。

第1章で紹介したとおり、多くのプロコンは低収入で、貧乏生活をしています。第2・3・4章で紹介したとおり、企業内診断士の立場でもかなり幅広く活動することができます。

この2つの事実から合理的に考えると、プロコンにならず、企業内診断士として活動するのが得策です。というなか、私がプロコン独立開業をお勧めするのは、企業内診断士よりも自由に活動できるからです。

企業内診断士の場合、昼間は会社勤務があり、活動時間が制約されます。競業避止義務もあり、業務内容やクライアントが制約されます。なんでも自由に、というわけにはいきません。

プロコンなら、そういう制約は一切ありません。何をやろうが自由です。好きなコンサルティングを制約なく思い切ってやりたいという人にとって、プロコンという選択肢は魅力的です。

もちろん、プロとして成功するには運も必要なので、自由にやってみたものの、撃沈することがよくあります。繰り返しますが、むしろ失敗の可能性の方がはるかに高いというのがリアルです。

ただ、診断士を取るくらいの知識・スキルの持ち主なら、やってみてダメだったとしても、まずまずの条件で再就職することができます。

実際に私の周りでも、貧乏生活をしているプロコンはたくさんいますが、自己破産したという人は見当たりません。自己破産する前に再就職するからです。

「コンサルタントとして存分にやってみたい」という意欲、ちょっと人と違った人生を送ってみたいという好奇心、そして2年くらい無収入でも食べていける蓄え、この3つがあるなら、プロコンに挑戦するのもありでしょう。

第6章

最高のビジネスパーソンになるための3つのライフ戦略

診断士には無限の可能性があります。この章では、診断士の価値を確認した上で、診断士という資格を活用して最高のビジネスパーソンになるための3つのライフ戦略を提案します。

01 人生を変えるパスポートを携えて旅に出る

受験勉強は最強の学習法

本書はここまで、企業内診断士の活動実態と活動をより充実したものにするためのポイントを紹介してきました。最後の本章では、診断士を活用して最高のビジネスパーソンになるためのライフ戦略を提案します。

その前に、改めて診断士の価値とは何でしょうか。診断士という資格は、最高のビジネスパーソンになるための武器になるのでしょうか。

診断士の価値というと、誰もが指摘するのが「(受験勉強の過程で)経営知識が身につくこと」です。

インターネット上に様々な学習コンテンツが溢れている今日、「別に診断士を受験しなくても経営知識を学習できるだろう」という意見があります。たしかに、一理あります。

しかし、人間は意志が弱いので、教材が目の前にあるというだけでは、なかなか学習しようという気になれません。学習する気になったとしても、経営の幅広い領域を学ぶには継続的な学習が必要ですが、なかなか長続きしません。「いつか勉強すればいいや」となります。

その点、診断士受験は、「合格」という目標があり、「○月○日に受験」という期限があり、「企業経営理論など7科目を学習せよ」と学習範囲が決められています。目標・期限・学習範囲が明確なので、意志が弱い人でも「よしやるか！」となり、学習を継続することができます。

受験勉強というのは、色々な弊害があるものの、やはり最強の学習法なのです。最近、リスキリングで資格受験に挑戦する社会人が増えていますが、かなり理にかなっていると言えます。ということで、診断士を取るまでの受験勉強に価値があるのは、異論のないところです。一方、資格を取った後の「活用」については、法的な独占業務がないことや受注が少ないことなどを以て「まったく価値がない」「足の裏に付いた米粒」とする見解が有力です。

しかし、これは診断士を活用できていない資格取得が最終ゴール型の診断士の言い分です。しっかり活用している人にとって、診断士は受験勉強の何十倍もの価値があります。

それは、「人生を変えるパスポート」という価値です。

人生を変えるパスポート

会社員をしていると、毎日決まった仲間（上司・同僚など）と決まった仕事をします。もちろん、異動や担当替えがあり、違った仲間と違った仕事をすることがあります。ただ、何年かに1度という頻度ですし、同じ会社の中なので、まったく知らない人とまったく新しい仕事をするということは、ほぼありません。

そう考えると、会社員は、報酬などを含めて非常に安定しているものの、刺激と成長には乏しいビジネスライフを送っています。

それに対し、診断士になり活動すると、色々な業界で新しい経験をし、新しい知識・情報を得ることができます。その過程で、色々なタイプの新しい人と出会い、新しい考え方に触れます。新しいものや変化に直面したら、何とか対応しなければなりません。大きな変化に対応するのはまさに〝たいへん〟です。しかし、刺激と成長のあるビジネスライフです。

刺激と成長に乏しい普通の会社員生活と刺激と成長に溢れる（一部の）企業内診断士の生活。人の人生なので、どちらが良いのか悪いのか、正しいのか間違っているのか、断定することはできません。

ただ、刺激と成長のあるビジネスライフを送りたい、能力を伸ばし、能力をフルに発揮して社会の発展や人々の幸せに貢献したい、と考えている人にとって、診断士資格は経験・知識・ネットワークを広げ、人生を大きく変える「きっかけ」になります。

今回、第2・3・4章で紹介したインタビューで、私が「診断士とはどういう資格でしょうか」と尋ねたところ、次のような非常によく似た答えがありました。

高田直美さん　「診断士を取って世界が大きく広がって本当に良かった」（49ページ）

土屋俊博さん　「通常であればなかなか話すことのないような異業種・異分野の方と接することができる〝パスポート〟です」（82ページ）

青山雄一郎さん　「診断士を取っていなかったら、私は今のようになっていない。きっかけ、一歩踏み出す大きなきっかけです」（114ページ）

まったく同感です。診断士とは「人生を変えるパスポート」なのです。

02　3つのライフ戦略

では、そのパスポートを携えて、ビジネスパーソンはどのような旅に出かけるべきでしょうか。

ここからは、私の提案です。

ビジネスパーソンは、リーダー・メンバー・スペシャリストという3タイプに分けることができます。

リーダー……スペシャリストや他のメンバーを率いて組織や社会を発展に導く人
メンバー（フォロワー）……リーダーの導きに従ってオペレーションを担う人
スペシャリスト（専門家）……専門スキルを活用して組織や社会に貢献する人

このうち、企業内診断士と関係が深いスペシャリストとリーダーが進むべき道として、次の3つのライフ戦略を提案します。

- ☑ 最高のスペシャリストになる
- ☑ 最高のリーダーになる
- ☑ 最高に自由な生き方をする

以下、それぞれ見ていきましょう。

最高のスペシャリストになる

(1) スペシャリストの時代

まず、最高のスペシャリストになるライフ戦略です。

近年、IT・AI・医療など多くの分野で技術がどんどん高度化しています。また人口減少・グローバル化・地球温暖化・日本経済の衰退といった環境変化によって、企業が直面する問題が複雑化しています。

こうした変化に伴って、専門的な知識・スキルを使って企業・社会の問題解決に貢献するスペシャリストが注目を集めるようになっています。

皆さんの会社でも、スキルが低い中高年のジェネラリストが邪魔者扱いされ、リストラの標的になる一方、「資金調達の専門家」「知的財産のプロ」といったスペシャリストが頼りにされ、存在感を高めているのではないでしょうか。

ということで、とくに若手ビジネスパーソンの間では「スペシャリストとして活躍しよう！」という風潮が高まり、「専門スキルと言えば、やっぱり資格でしょ」ということで、近年の資格ブームに繋がっています。

ただ、たくさんのビジネスパーソンがスペシャリストを目指している中、優れたスペシャリストになるのは、容易なことではありません。

たとえば今なら、多くの大手企業が、AIのスペシャリストが不足していることを受けて、「AIのスペシャリストを300人育成する」といった目標を立てて、教育訓練を実施しています。

ここで、教育訓練をちゃんと受講すれば「AIスペシャリスト」と名乗れるくらいにはなるでしょう。しかし、300人の中で「優秀なAIスペシャリスト」と評価されるようになるのは難しく、ましてや「最高のAIスペシャリスト」になるのは至難の業です。

(2) スペシャリストのスキル領域

では、「普通のスペシャリスト」ではなく「優秀なスペシャリスト」、さらに「最高のスペシャリスト」になるためには、どうすれば良いのでしょうか。

スペシャリストとしての階段を上がっていくには、2つのアプローチがあります。

1つは、技術的な専門性を突き詰めていくことです。

AIの場合、最初は「データサイエンティスト検定・リテラシーレベル」のような簡単な資格から始めて、さらに段階的に難易度の高い資格を取得し、最終的には日本におけるAI研究の第一人者・東京大学松尾豊教授の研究室で学ぶ、という具合です。

もう1つは、技術的な専門性以外の領域を広げていくことです。

データサイエンティスト検定を運営する一般社団法人 データサイエンティスト協会は、AI技術者に必要なスキル領域を次のように定義しています。

◇データサイエンス力
　情報処理、人工知能、統計学などの情報科学系の知識を理解し使う力
◇データエンジニアリング力
　データサイエンスを意味のある形に使えるようにし実装・運用できるようにする力
◇ビジネス力
　課題背景を理解した上でビジネス課題を整理し解決する力

技術的な専門性であるデータサイエンス力に加えて、データエンジニアリング力やビジネス力を習得し、他のスペシャリストと差別化していくわけです。

ここでは、AIを例に説明しましたが、他の専門分野でも「技術基礎力」「技術実装力」「ビジネス応用力」といった3つのスキル領域が必要だと言われます。

2つのアプローチでどちらが良いでしょうか。

もちろん、考え方は人それぞれですし、学術研究の世界では、1つ目の「技術的な専門性を突

き詰めていく」アプローチが期待されます。しかし、ビジネスの世界では、このアプローチは、「専門バカ」と揶揄され、高く評価されません。

ビジネスの世界では、2つ目の「技術的な専門性以外の領域を広げていく」アプローチの方が大切です。

(3) 診断士活動で視野の広いスペシャリストになる

技術的な専門性以外のスキル領域を広げていくのに有効なのが、診断士資格です。

まず、診断士の受験勉強をすることで、ビジネス力の基本を理解することができます。もちろん、基本だけでは他のスペシャリストと差別化することはできませんが、基本用語（リテラシー）や学習領域を知るだけでも、大きな一歩になります。

さらに、学んだ知識を診断士として実際に活用すると、ビジネスのどういう場面でどのように技術を使えば良いのか、ということがわかってきて、「技術実装力」「ビジネス応用力」が高まります。

外食チェーンに勤務するデータサイエンティストが新メニューの開発を支援するとしましょう。診断士として経験を積んだら、どういう顧客データを収集し、どういうターゲットを設定し、データを使ってどうコンセプトを作るか、といったことを考え、アドバイスできるようになります。

それだけではありません。診断士として活動することで、色々な業界の色々なタイプの人とのネットワークが広がります。

第3章で紹介した土屋俊博さんは、スマートシティという自身の専門領域について、「診断士活動で色んな業種のことを知っているのは役立っています。社外に広いネットワークがあることが、社内で大きなアドバンテージになっています」（80ページを参照）と診断士のネットワークの価値を強調しています。

スペシャリストにとって、なぜネットワークが大切なのでしょうか。色々な人の色々な考え方に触れることで、視野が広がることです。

皆さんが、たとえば部下の人事評価で悩んでいるとしたら、次の3人の人事のスペシャリストのうち、誰に相談しますか。

甲さん：人事評価制度の細かいことをよく知っている。ただし、それ以外のことは何も知らない。
乙さん：人事評価制度を職場でどう運用し、評価に関する問題にどう対処すれば良いかを知っている。

丙さん　：人事評価制度だけでなく人事関係全般や職場運営について知っていて、他社事例なども交えてアドバイスしてくれる。

言うまでもなく、丙さんでしょう。甲さんはいわゆる「専門バカ」、乙さんは「優秀なスペシャリスト」、丙さんは「最高のスペシャリスト」です。

近年、弁護士・税理士・社労士といった士業でダブル資格が流行しており、2つ目の資格として診断士が人気です。これは、診断士を取り、活用することで、「技術実装力」「ビジネス応用力」が高まり、視野が広がり、最高のスペシャリストになれるからでしょう。

スペシャリスト志向があり、スペシャリストとして卓越したいというビジネスパーソンは、是非とも診断士受験に挑戦してください。取得したらそれで終わりにせず、活動し、最高のスペシャリストになってください。

最高のリーダーになる

(1)　リーダー不在の時代

2つ目のライフ戦略は、最高のリーダーになることです。

リーダーは、メンバー・スペシャリストに働きかけて、組織や社会を発展に導く存在です。混迷する現代において、リーダーの役割が大切だと言われますが、残念ながら政治の世界でもビジネスの世界でも、優れたリーダーが不足しています。

なぜリーダーが不足しているのでしょうか。リーダーというのは「割に合わない役割」で、たいていの人は進んでやりたがらないからです。

昨今のように経営環境が厳しくなると、リーダーの仕事は難しくなります。リーダーが1つ判断を間違えると、会社を傾かせ、社員やその家族を路頭に彷徨わせてしまいます。リーダーは、困難な環境の中で重い責任を負っています。

では、リーダーが重い責任を負って苦労を重ねたら十分に報われるでしょうか。日本では、仮に社長になっても新入社員の数十倍の報酬しか得られません。社会的にも、まったく尊敬の対象ではありません。金銭的にも、社会的名声という点でも、リーダーが十分に報われることはないのです（日本の話で、アメリカは別です）。

つまり、リーダーというのは、仕事がたいへんで、責任が重く、その割に報酬面でも社会的な評価の面でも報われない、一言でまとめると「割に合わない役割」「理不尽な存在」です。

合理的な思考をする若者は、わざわざリーダーになりたがらず、「自分のために自分の好きなことをしていたい」とメンバーやスペシャリストになります。これは、ある意味当然のことで、現代は「リーダー不在の時代」と言えます。

ただ、誰かがリーダーの役割を担わないと、会社や社会が存続・発展しません。「割に合わない役割」だと知りながら、「俺がやらなきゃ誰がやる」と進んでこの役割を引き受ける人の出現が期待されています。

そして、診断士は、リーダーの役割を担う上で最適だと思います。なぜなら、誰でもリーダーになれるわけではなく、リーダーには高い能力・資質が必要とされるからです。

(2) リーダーのネットワーク作り

リーダーに必要な能力・資質については、古くから多くの研究者・実務家の見解があります。定説はありませんが、大きくは経営知識・役割行動（意思決定・コミュニケーションなど）・人間性が必要だと言われます。

診断士の受験勉強や診断士活動によって経営知識を高めることができるのは当然として、ここでは、診断士活動によって得られるネットワークの価値について考えてみましょう。

ハーバード大学のジョン・コッター教授が9社15人の優れたリーダーを調査したところ、次の12の行動パターンが見つかりました（ジョン・コッター著『リーダーシップ論〈第2版〉』ダイヤモンド社）。

①ひとりの時間が極端に少なく、就業中にひとりでいるのは在宅作業か移動時が大半
②会社内外を問わずたくさんの人と時間を過ごしている
③議論のテーマが多岐にわたり、ビジネスと関係のない話題でも話し合う
④たくさん質問する
⑤会話の最中に重大な意思決定を下すことはほとんどない
⑥冗談を言うことが多く、仕事と無関係な話題も多い
⑦誰かと話す時、事業や自社にとって重要でないと思われる話題も多い
⑧誰かと話す時、ビジネスリーダーとして相手に指示を出すことはほとんどない
⑨具体的な指示はせずとも、質問したり、頼んだり、説得したりして影響力を行使する
⑩他人のやっていることに首を突っ込む
⑪時間の大半が、誰かとちょっとした会話を交わすことに費やされている
⑫長時間働いている

このうち①②③⑥⑩⑪を私なりにまとめると、「優れたリーダーは、関係者との他愛もない談笑に多くの時間を使い、ネットワーク作りに務めている」ということです。

(3) 誰が何を知っているか

どうして優れたリーダーは、ネットワークを重視し、多忙な中、ネットワーク作りに多くの時間を費やすのでしょうか。

リーダーは、自分で手足を動かして仕事をするわけではなく、関係者に仕事をしてもらいます。その時、自分が何を知っているか（to know what）よりも、誰が何を知っているか（to know who knows what）の方がはるかに大切です。

たとえば、メーカーの経営者が、インドネシアに新工場を立ち上げると決めたとします。工場を立ち上げるには、資金調達・生産技術・労務管理・マーケティングなどの専門知識が必要です。これらを自分で勉強するのは現実的ではなく、社内で知識を持った人材を探します。

また、インドネシアの法規制・雇用慣行・市場・競合などに関する情報も必要でしょう。自分自身で情報を集めるよりも、商社や現地企業などの社外の関係者に問い合わせます。

つまり、リーダーが大きなことを成し遂げるには、社内外の誰が何を知っているかという情報（専門用語で transactive memory：交換記憶）を蓄え、課題に応じて有機的に組み合わせる必要があります。

ここで、「社内の人材ならイントラネットを見れば、社外の人材なら調査会社に照会すれば良いのではないか」という意見があるかもしれません。

ただ、イントラネットや調査会社の情報では、言語化できる大まかなことはわかりますが、「深い専門性を持っているのか？」「どういう考え方をしているか？」「信頼できる人物なのか？」といった深いところまではわかりません。

相手の深いところを知るには、やはり実際に会って、話して、自分の目で確かめるのが1番です。これが、優れたリーダーがネットワーク作りに多くの時間を費やす理由です。

今回インタビューした高田直美さん・土屋俊博さん・青山雄一郎さんは、いずれも診断士活動を通して社外に広く、質が高く、深いネットワークを構築しています。

ネットワークの広さだけなら、異業種交流会に顔を出して名刺交換をすればすみます。別に苦労して診断士を取る必要も、中小企業診断士協会に入会し、研究会に入る必要もありません。

しかし、診断士の集まりは、異業種交流会とは段違いです。まず、全員が難関試験を突破しており、知り合う人の質の高さが違います。さらに、活動を共にすると、お互いのことが分かってきて、関係が深まります。

つまり、診断士を取得し、診断士の集まりに参加して活動すると、リーダーとして最も重要な要素を身につけることができるのです。

リーダーとして活躍したいという人は、ぜひ診断士を取得し、経営知識とネットワークを獲得し、最高のリーダーになってください。

●最高に自由な生き方をする―ピーター先生のこと

3つ目のライフ戦略は、最高に自由な生き方をすることです。

と言われても、ピンと来ないかもしれません。そこで、私が「コンサルタントとして自由に活動しよう」と決めるきっかけになった、大学院の恩師ピーター・スコット＝モーガン先生（以下、「ピーター先生」）を紹介しましょう。

ピーター先生は、私が1997〜1998年に留学したアーサー・D・リトル経営大学院の恩師で、2022年6月に亡くなりました。

ピーター先生は2017年に、全身の筋肉が動かなくなる難病ALSで「余命2年」と宣告されたことを機に、知能・身体をAI・ロボットと融合させ、サイボーグとして生きることを決意しました。

「人類史上初のサイボーグ人間」として世界にセンセーションを巻き起こしたこの挑戦だけでなく、彼の64年間の人生は「自由への挑戦」の連続でした。ピーター先生の3つの挑戦を紹介します。

ピーター先生の第1の挑戦は、同性愛に対する差別・偏見との戦いでした。

イギリスの上流階級に生まれ、名門キングス・カレッジ・スクールに通っていたピーター先生は、同性愛者であることが発覚し、学校から差別的な扱いを受けました。

しかし、彼は差別・偏見に屈しませんでした。21歳の時に生涯のパートナー、フランシスさんと出会い、同性カップルであることを公表して交際を続け、2005年にイギリス初の公認同性カップルになりました。

第2の挑戦は、プロコンという挑戦でした。

インペリアル・カレッジ・ロンドンでロボット工学の博士号を取得したピーター先生は、世界的なコンサルティングファーム、アーサー・D・リトル社で働きました。そこで、専門のロボット工学ではなく、組織変革に携わりました。

世界的な企業や政府機関へのコンサルティングに携わる中でピーター先生が問題意識を持ったのは、組織の不文律でした。組織の中には、言語化されないルール（The unwritten rule of game）があり、それが組織の変革を阻害しているということです。ピーター先生は、独自の変革手法を編み出し、成果を上げ、同名の著書を出版して世界的なベストセラーになりました。

アーサー・D・リトル社で最年少のジュニアパートナーに就任したピーター先生ですが、自由な活動を求めてあっさりその職を捨てて、プロコンとして独立開業しました。

私がアーサー・D・リトル経営大学院でピーター先生から組織論を学んだのはこの頃です。組織のこと、同性愛のこと、世界の未来のことを愉快に語る姿が印象的でした。ただ、いつも腰をくねらせて笑いながら講義していたので、学生の反応は賛否両論でした。保守的なキリスト教徒の学生は、ピーター先生を嫌悪していました。第1の挑戦は、生涯続いたのです。

コンサルタントとして順調に活動していたピーター先生ですが、2017年にALSと診断され「余命2年」と宣告されました。ここで医師の反対を押し切り、自分の知能・身体をAI・ロボットと融合させ「人類史上初のサイボーグ人間」として生きることを決意しました。

これがピーター先生の第3の、そして最後の挑戦です。

サイボーグ化したのは知能・身体の一部分だけで、ピーター先生は「私は世界初の完全なサイボーグになる予定で、体も脳もほとんどすべてが元に戻らない状態になる。私の脳の一部、そして私の外見的な人格のすべてが、まもなく電子化され、完全に合成されるということです」と、さらなる挑戦に意欲を燃やしていました。が、残念ながら2022年に、挑戦に終止符が打たれました。

こうしてピーター先生の人生は終わりましたが、逆境にめげずに「自由への挑戦」を続ける生き様は、確実に世界の人々に伝わりました。ピーター先生のことを知った多くの人が「よし挑戦しよう!」という勇気を得たに違いありません。

03 プロコンは本当に自由か？

私は、22年前に石油会社を辞めて、外資系コンサルティングファームに転職しようか迷いました。しかし、ピーター先生のことを思い出し、自由な活動を求めてプロコンとして独立開業しました。

数年後、ビジネスが軌道に乗って、会社を作って営業マンを雇ってしっかり活動しようか迷いましたが、彼のように自由に活動したいと思い、個人事業主を続けました。少なくとも一生徒だった私には、ピーター先生の生き様が確実に伝わりました。

ただ、プロコンとして独立開業したら本当に自由になれるかと言うと、かなり微妙なところです。

たしかに、企業内診断士と比べて、プロコンは自由です。活動する時間も、どういうクライアントとどういう仕事をするかも、自由です。最高に自由な生き方をしているように見えるかもしれません。

一方、第1章で紹介したとおり、プロコンの大半は低収入にあえいでいます。経済的にはまったく不自由です。食べていくために、好きでないクライアントからのやりたくない仕事を嫌々引き受けています。「お金の奴隷」というべき、悲しい状態です。

こうして偉そうに書いている私も、本当に好きな相手と好きな仕事を心から楽しむという状態になったのは、ここ数年のことです。独立開業の直後はもちろん、かなり稼ぐようになってからも、「いつ収入がゼロになるかわからない」という恐怖感があり、心理的には自由ではありませんでした。

SNSには、プロコンの「こんなに自由に、楽しく仕事しています！」という〝リア充投稿〟が溢れています。しかし、大半のプロコンは、表面的な自由さとは裏腹に、経済的にも心理的にもまったく不自由です。

企業内診断士として最高に自由に生きる

その点、企業内診断士は、最低限の生活が確保されているので、経済的・心理的な不自由が（あまり）ありません。そのベースの上で、多少物理的な不自由はあるものの、副業で好きな相手と好きな仕事をすればいいわけです。

正直なところ、私は数年前まで副業をしている企業内診断士を「何をやりたいのか中途半端。独立開業に踏み切れない、根性のないヤツ」と馬鹿にしていました。しかし、高田直美さん・土屋俊博さん・青山雄一郎さんらの活動を知って、この考えを完全に改めました。

３人は、経済的・心理的な不自由に悩まされることなく、信頼できる仲間と自由に好きな活動しています。総合的に見ると、この世の中で最高に自由な生き方をしているのではないでしょうか。

もちろん、診断士を取得すれば自動的に最高に自由な生き方を実現できるというわけではありません。３人のように、診断士というパスポートを手に色々な人と交わり、色々な学習・実務の機会に参加し、ネットワークと活動の幅を広げる必要があります。相応の努力は欠かせません。

診断士は「人生を変えるパスポート」です。パスポートを携えてどういう旅をするかは、もちろんあなた次第。

最高のスペシャリストになりたい。

最高のリーダーになりたい。

最高に自由な生き方をしたい。

そう考えるビジネスパーソンや企業内診断士にとって、本書の内容が参考になったようなら幸いです。

〈著者紹介〉
日沖　健（ひおき　たけし）
日沖コンサルティング事務所・代表
中小企業診断士、産業能率大学・講師、中小企業大学校・講師
慶応義塾大学・商学部卒、Arthur. D. Little 経営大学院修了
MBA with Distinction
日本石油（現 ENEOS）勤務を経て、2002 年から現職
中期経営計画・新規事業開発のコンサルティングや経営人材育成の研修を行う
中小企業大学校で中小企業診断士の育成に従事している
HP：https://www.hioki-takeshi.com/

【主要著書】（中小企業診断士関係）
『コンサルタントを使って会社を変身させる法』（同友館）
『コンサルタントが役に立たない本当の理由』（中央経済社）
『独立する！中小企業診断士 開業のコツ 60』（中央経済社）
『プロの研修講師になる方法』（同友館）
『タイプ別 中小企業診断士のリアル』（税務経理協会）
『失敗事例から学ぶ！中小企業診断士の独立開業のリアル』（税務経理協会）

資格取得がゴールじゃもったいない
企業内診断士のリアル

2024年12月25日　初版発行

著　者　日沖健
発行者　大坪克行
発行所　株式会社 税務経理協会
〒161-0033東京都新宿区下落合1丁目1番3号
http://www.zeikei.co.jp
03-6304-0505
印　刷　美研プリンティング株式会社
製　本　牧製本印刷株式会社
デザイン　原宗男(カバー,イラスト)
編　集　野田ひとみ

本書についての
ご意見・ご感想はコチラ

http://www.zeikei.co.jp/contact/

ISBN 978-4-419-07242-1　C3034